ゼッタイわかる

中学地理

改訂版

監　　修 ＝ **伊藤賀一**
（スタディサプリ講師）

キャラクター
デ ザ イ ン ＝ **モゲラッタ**

カ バ ー
イ ラ ス ト ＝ **U35**

漫　　画 ＝ **あさひまち**

本書は2019年に小社より刊行された『ゼッタイわかる　中学地理』の改訂版です。

［装丁・総扉デザイン］　川谷デザイン
［本文デザイン］　諸橋藍
［登場人物紹介・アイコン・SDキャライラスト］　モゲラッタ
［構成協力］　有限会社マイプラン
［組版］　株式会社フォレスト
［校正］　有限会社マスターズ, エデュ・プラニング合同会社
［図版］　株式会社アート工房, 佐藤百合子

あらすじ

5人しか部員のいない「軽音同好会」に所属する中学3年生――
基、六花、春、洸、茉里たちは、
部員の増えない様々な事情を抱えつつも、
にぎやかで騒がしい毎日を過ごしていた。

しかし、3年生になったばかりの始業式後、
基は突如学年主任に呼び出され、破天荒な六花、能天気すぎる洸、
兄弟の世話で忙しすぎる春ら3人の壊滅的な成績不振を理由に、
「このままだと廃部」という衝撃的な宣告を受ける。

まさかの危機に猛然と立ち上がった基のミッションは
「3人にテストで平均点以上を取らせる」こと。

アルファベットの読み方や
プラス・マイナスの考え方までさかのぼり、
基は同じく成績優秀な茉里とともに、
練習の合間をぬってスパルタ授業を開始するのだが――。

CONTENTS もくじ

黒岩 茉里
▶ くろいわ まり

♪担当楽器
キーボード

筋金入りのお嬢様。透き通るような肌、整った顔立ちで学園のマドンナ的存在。軽音同好会以外ではあまり友達がいない。勉強は基と同じくらい成績優秀。ツッコミがかなり毒舌で辛辣。

Mari Kuroiwa

Motoi Isaka

伊坂 基
▶ いさか もとい

♪担当楽器
ベース

ド真面目で成績優秀な軽音同好会会長。根暗で機材オタクな一方、ツッコミの速さには定評がある。人と深くかかわらないほうだが、同好会メンバーの半ばウザ絡みとも言える暑苦しさの結果、矯正されつつある。大人びているが頼られると調子に乗るところも。

田乃内 春

▶ たのうち はる

♪ 担当楽器
ドラム

大家族の長男。朝は毎日戦争でぐったりしているが、学校は大好きで皆勤賞。第一印象のよさはピカイチ。勉強はニガテなものの、察したり理解したりする能力が高いため、成績アップのスピードも速い。

牧野瀬 六花

▶ まきのせ りっか

♪ 担当楽器
ボーカル

コテコテの関西弁を操るギャル。とにかく我が強く、押しも強い。すぐ叩く。恋愛に関してはピュアなところがあり少女漫画を愛読している。父親は一代で財を成した大金持ち。ペットは錦鯉の「おたま」。

池端 洸

▶ いけはた こう

♪ 担当楽器
ギター

運動神経抜群で見た目の華やかさと明るい性格で、誰からも好かれるムードメーカー。勉強は大のニガテで、基に「顔と運動神経に全振りしたステータスを1ミリでもいいから頭に回してやりたかった」と言わしめた。口癖は「お腹すいたな〜」。

まずはぼくたちの会話から、そのチャプターの概要をざっくり頭に入れてみてね！

Haru

1テーマは2ページ構成で進めてくで〜！

の部分は、えんぴつでなぞりながらウチらと一緒に勉強してこーや！

Rikka

俺らの会話を聞いてテーマの内容が頭に入ったところで、右ページの練習問題にチャレンジしてみてくれ！　答えは巻末にまとめてあるぞ。解いたら解きっぱなしにしないで、ちゃんと答え合わせをするように！　約束な！

Motoi

Chapter 01　Theme

□ 勉強した日　　　月　　　日

01　地球・世界のすがた

よし！　まずは、この地球儀を使って勉強していくぞ！（せっかく持ってきたしな…。）

オレ、これの使い方ならちょっとはわかるぞ！　こうやって、くるくる回転させて使うんだろ！

……。

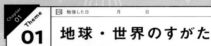

今の答えはあながち間違ってないよ。池端くん、地球儀をまわしてみて、海と陸とどっちが多いかわかる？

（くるくる）う〜ん…海！

正解！　地球儀を見るとわかるように、**地球上に占める海洋の割合が多い**から、「水の惑星」っていわれてるのよ。

POINT

「水の惑星」
陸地と海洋の割合は3：7である。

なるほど。洸のやっとること、勉強につながっとるんやな。（ただのアホやなかったんやな……。）

さすが茉里だな。地球上の陸と海にはそれぞれ名前がついている。**超重要**だからおさえておこう。

海は、太平洋、大西洋、インド洋の3つだね！

陸は、ユーラシア大陸、北アメリカ大陸、南アメリカ大陸、アフリカ大陸、オーストラリア大陸の5つだね！

洸！　南極大陸をわすれてるぞ！　**大陸は全部で6つだ！**　南極大陸がえがかれていない地図もあるから、要注意だ！

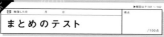

1つのチャプターが終わったら
「まとめのテスト」にチャレンジ
してみてね。
ちなみに、「練習問題」と「まと
めのテスト」は、無料でダウン
ロードできるPDFを印刷すれ
ば、何回でもチャレンジできる
よ！

まとめのテスト

1 右の図を見て、次の問いに答えましょう。

2 右の地図を見て、次の問いに答えましょう。

3 右の地図を見て、次の問いに答えましょう。

| 最重要まとめ |

- 地球上に占める陸地と海洋の割合は3：7。
- 地球には6つの大陸と3つの海洋がある。
- 緯度は地球を南北に90度ずつ、経度は東西に180度ずつに分けている。

こんな下におったら見落とすで～。

それから、地球はイギリスのロンドンを通る本初子午線とブラジルやインドネシアを通る 赤道 を基準にして東西南北に分けられる。地球をたてに分割している線を経線、横に分割している線を緯線というぞ。

日本は、東経で北半球にあるってことだね。

本初子午線を0度として東西を180度ずつ区切ったものを経度、赤道を0度として南北を90度ずつ区切ったものを緯度というのよ。

ケイド…？ ご奉仕してくれる人のこと？

そりゃメイドだ。経度だ経度！

イド…水をくむやつやな……。

そりゃ井戸だ！ お前ら、しょっぱなからボケたおすな！

練習問題

▶解答は P.140

1 次の（　）にあてはまる語句を答えましょう。

---

01 地球・世界のすがた

練習問題

1 次の（　）にあてはまる語句を答えましょう。

練習問題やまとめのテストを
解き終えたら、必ず答え合
わせをして、まちがえたとこ
ろを確認しようなー！
「まちがえたところ＝ニガテな
ところ」だから、テストでも落
としやすいんだってさ！
そのままにしておかないのが
だいじだぞ！

解きなおしPDF
無料ダウンロード方法

本書をご購入いただいた方への特典として、

📄 **練習問題＋まとめのテスト　解きなおしPDF**

を無料でダウンロードいただけます。
記載されている注意事項をよくお読みになり、ダウンロードページへお進みください。

https://www.kadokawa.co.jp/product/322007000754/
［ユーザー名］zettai_chugaku_geography
［パスワード］mari_397

上記のURLへアクセスいただくと、データを無料ダウンロードできます。
「ダウンロードはこちら」という一文をクリックして、ユーザー名とパスワードをご入力のうえダウンロードし、ご利用ください。

【注意事項】

● ダウンロードはパソコンからのみとなります。携帯電話・スマートフォンからのダウンロードはできません。
● ダウンロードページへのアクセスがうまくいかない場合は、お使いのブラウザが最新であるかどうかご確認ください。また、ダウンロードする前に、パソコンに十分な空き容量があることをご確認ください。
● フォルダは圧縮されていますので、解凍したうえでご利用ください。
● なお、本サービスは予告なく終了する場合がございます。あらかじめご了承ください。

01

世界と日本の地域構成

Theme | 01 >>> 06

地図の見方はだいたいわかったけど

やっぱ世界の話ってピンと来ーへんわ〜

昔はサッカーボールにしてたけど家帰って地球儀探してみるよ

洸はまずおじいさんに謝れな

安心しろ六花日本の勉強についてももちろん用意してある

お！楽勝やんか！

じゃあ問題！この地図ですが,日本はどこにあるでしょーか

！？

真ん中に日本がおらん！？

いつも真ん中らへんにあるのに！！

この形はイギリス！イギリスが真ん中にあるよ！

あせりすぎだお前ら

よーく見てみて

これがイギリスということは…

このあたりが中国だね

この大陸の形！さっき見たで！！

そうそう，本初子午線と国の位置がわかれば，あとは日本との位置関係を考えるだけだから計算はかんたんにできるわよ

たとえば…

ココの位置関係がわかればOK！

ココと

こういうのを一つ一つ丁寧に教えていくから，安心してね

にっこり

これはふざけたらアカンやつやなぁ…

「本初子午線」って何だっけ…??

これで洸もサッカーの試合見逃さなくなるね

ああ！深夜の試合を見るために夜更かししまくるぜ！

洸，お前の今の目的はなんだ。夜更かししている余裕があるのか？

学力向上

軽音同好会存続

お，お，おぼえてますごめんなさい…っ

01 | 地球・世界のすがた

 よし！　まずは，この地球儀を使って勉強していくぞ！（せっかく持ってきたしな…。）

 オレ，これの使い方ならちょっとはわかるぞ！　こうやって，くるくる回転させて使うんだろ！

 ……。

 今の答えはあながち間違ってないよ。池端くん，地球儀をまわしてみて，海と陸とどっちが多いかわかる？

 （くるくる）う～ん…海！

 正解！　地球儀を見るとわかるように，**地球上に占める海洋の割合が多い**から，「**水の惑星**」っていわれてるのよ。

 さすが茉里だな。地球上の陸と海にはそれぞれ名前がついている。**超重要**だからおさえておこう。

 なるほど。洸のやっとること，勉強につながっとるんやな。（ただのアホやなかったんやな……。）

> **1 POINT**
>
> 「**水の惑星**」
> 陸地と海洋の割合は
> 3：7である。

 海は，太平洋，**大西洋**，**インド洋**の3つだね！

 陸は，**ユーラシア大陸**，**北アメリカ大陸**，**南アメリカ大陸**，**アフリカ大陸**，**オーストラリア大陸**の5つだな！

 洸！　**南極大陸**をわすれてるぞ！　**大陸は全部で6つだ！**　南極大陸がえがかれていない地図もあるから，要注意だ！

♡ 地球上に占める陸地と海洋の割合は3：7。
♡ 地球には6つの大陸と3つの海洋がある。
♡ 緯度は地球を南北に90度ずつ，経度は東西に180度ずつに分けている。

 こんな下におったら見落とすで〜。

 それから，地球はイギリスのロンドンを通る本初子午線とブラジルやインドネシアを通る 赤道 を基準にして東西南北に分けられる。地球をたてに分割している線を経線，横に分割している線を緯線（いせん）というぞ。

 日本は，東経で北半球にあるってことだね。

 本初子午線を0度として東西を180度ずつ区切ったものを経度，赤道を0度として南北を90度ずつ区切ったものを緯度というのよ。

 ケイド…？　ご奉仕してくれる人のこと？

 そりゃメイドだ。経度だ経度！

 イド…水をくむやつやな……。

 そりゃ井戸だ！　お前ら，しょっぱなからボケたおすな！

練 習 問 題

▶解答は P.140

1 次の（　　　）にあてはまる語句を答えましょう。

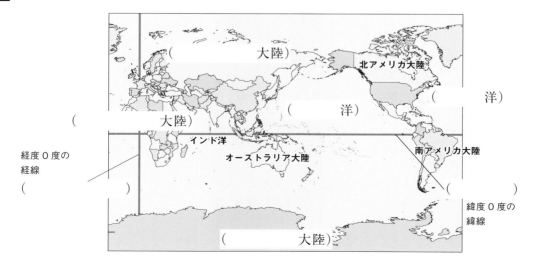

世界の地域区分と特色

 3つの海洋と6つの大陸についてはわかったけど，ぼくたちの住む日本で，あんまり大陸って聞かないよね。

 そうだな。日本は大陸には属していない，**島国**だからな。

 ほかの国から，海で隔離（かくり）されてるってこと？

 えぇぇぇぇ！ 日本って仲間はずれなのかよ！

 大陸で分けなくても，**州**の区分で分けることもあるよ。

> 🔖 **POINT**
>
> **島国（海洋国）**
> 国土が海に囲まれた国のこと。日本やキューバなど。

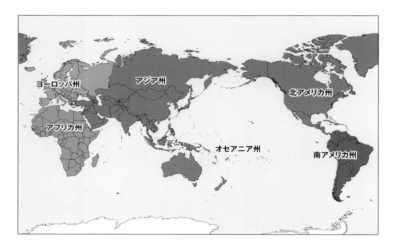

 世界にある200ほどの国が，必ずどこかの州に属しているぞ。

 よかった……！ 日本は，　アジア　州っていうくくりに入るんだな。

 アジア州は，**面積も人口も最大の州**だよ。

 州の名前って，大陸の名前と一緒のものが半分あるね。

 アジア州とヨーロッパ州はさすがのウチでもわかるで〜。どっちもほぼ**ユーラシア大陸**の州やねんな。

> 🔖 **POINT**
>
> **ユーラシア大陸**
> ロシアに連なるウラル山脈をへだてて，ヨーロッパ州とアジア州にまたがっている。

 ついでに，アジア州の区分についても見ておこう。同じアジア州でも，西アジアと東アジアでは生活や文化がまったくちがうぞ。詳しくは次の単元で見ていこう。

♡ 地球の陸地は6つの州に分けられる。
♡ 日本は国土が海に囲まれた**島国（海洋国）**である。
♡ **ユーラシア大陸**は，ヨーロッパ州とアジア州に分けられる。

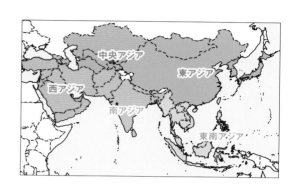

日本は 東アジア ってことか，**中国や韓国，北朝鮮，モンゴル**とかと一緒なんだね。

西アジアには，**サウジアラビア**やイラン，イラクなどが属しているぞ。

オレ……東と西，どっちがどっちだかわかんないかも。

西から太陽がのぼるって，テレビアニメの主題歌でいっていたような……。

六花，それは誤った知識だよ。太陽は東からのぼるんだよ。

洸，日本があるところが東！　っておぼえておけば大丈夫だよ！

お，おお！　これで地図がバッチリ読める気がするぜ！

不安しかないなお前ら……。

練 習 問 題

▶解答は P.140

1 次の（　　　）にあてはまる州名を答えましょう。

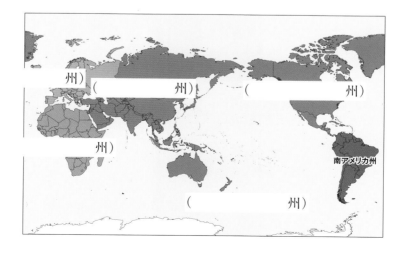

03 | 日本のすがた

 さて，世界地図の見方がわかったところで，次は日本地図を使って日本を見てみよう。

 よっしゃ！　**アイム，フロム，ジャポン！**　やで！

 不慣れな英語表現はいいから。まずは，日本の位置について確認しておこう。
さっきも地図で探したように，日本は ユーラシア大陸 の東にある島国だ。

 ヨーロッパの人から「極東」ってよばれてんだよな。

 東西はおよそ**東経122度から154度まで**，南北は**およそ北緯20度から46度まで**の範囲にあるんだよ。

 同じ緯度にある国としては，スペインやイタリア，アメリカ，同じ経度にある国としてはロシアやオーストラリアなんかがあるな。

 緯度ってことは横の範囲，経度ってことは縦の範囲やな。

 スペインやイタリアって，サッカーが強いとこじゃんか！
これらの国と横にならんでるってだけでわくわくすっぜ！

 池端くんの謎のテンションは置いといて。
次は日本のまわりのようすについて見ていくよ。右の地図をご覧くださーい。

 島国っていうだけあって，本当に海に囲まれているんだね。

 まわりにある海としては，**日本海や太平洋，オホーツク海，東シナ海**の4つを覚えておくといいぞ。

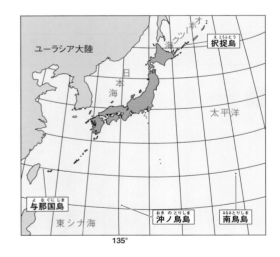

 日本も**本州，北海道，九州，四国**と，たくさんの島々で構成されていて，国土面積は約38万km^{2}だよ。

 他の国と比べると，日本て細長い島なんやなあ。

 そうだな。それに，伊豆諸島や小笠原諸島といった離島も多い国なんだ。

 地図にもあるけど，日本の東西南北の端にある島は，テストでもよく出るから，覚えておこうね。

♡ **日本**は**ユーラシア大陸の東にある島国**。
♡ **日本の国土面積**は**約38万 km²**。
♡ **日本の北端**は**択捉島**,**東端**は**南鳥島**,**南端**は**沖ノ鳥島**,**西端**は**与那国島**である。

 北端は 択捉島 ，南端は沖ノ鳥島，東端は 南鳥島，西端は 与那国島 っと…。

 おい春！ 南鳥島は南の島だろ。

 せやで！ 「南」って書いてあるやんか！

 お！ お前らさっそくひっかかったな。南端は 沖ノ鳥島 だぞ！

 もー!! こういうややこしいのがあるから，わけわからんくなんねん！

 間違えやすいってことを覚えておくだけでも，テストで間違えなくなるぞ！

 読者のみなさんも，ココはよく間違えるところなので，注意してくださいねー!!

 茉里，読者のみなさんってだれ…？

練 習 問 題

▶解答は P.140

1 次の( )にあてはまる島名，語句を答えましょう。

北方領土・竹島と尖閣諸島

 前のThemeで学習した日本の東西南北の端の島，みんな覚えてるかな〜？　（にっこり）

 ええっと…。北が択捉島で，西が与那国島やろ。

 南は南鳥…じゃなくて沖ノ鳥島だ！

POINT
南鳥島
日本の東の端にある島。南端ではないので注意しておこう。

 えらい！　ちゃんと身についているね！

 さて，その沖ノ鳥島なんだが，満潮のときには，陸が1mほど顔を出す小さな島なんだ。

 1mって…ソーシャルディスタンスもとられへんやん！　そんなんで人住めるん？

 すっごく密だよね。

 無人島だから人は住んでない。でも，れっきとした日本の領土だ。
まぁそんな小さな島だから，**波でけずられないように，約300億円かけて護岸工事が行われた**んだ。

 300億!?　人住まれへんのになんで，そんなお金つこてんねん。

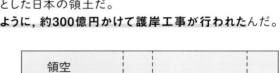

 日本の排他的経済水域を守るためだよ。
日本の**領土と領海，領空**をまとめて**領域**というんだけど…（詳しくは右の図を見てね！）。
排他的経済水域は，領海の外側の海域で，資源を沿岸国が自由に利用できるのよ。

国家の主権がおよぶ範囲

 離島がたくさんある日本は，**排他的経済水域が領土の面積の10倍以上もある**んだ。ということは，島が1つなくなると…？

 排他的経済水域も少なくなるってことか!?

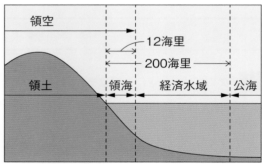

POINT
排他的経済水域
領海の外側で沿岸から200海里以内の海域。沿岸国に水産資源や鉱産資源の権利が認められている。

 その通り！　こういった海や島の権利をめぐって，まわりの国と**領土をめぐる問題**があったりするの。

 まわりの国ってことは，中国や韓国のこと？

POINT
北方領土
北海道にある択捉島，国後島，歯舞群島，色丹島の総称。

 そうだな。まず，択捉島をふくむ北海道の**北方領土**は，ロシア連邦にずっと占拠されているんだ。

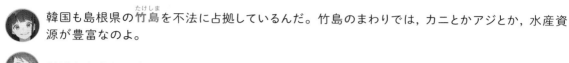

| 最重要まとめ |

✓ 領土, 領海, 領空をまとめて**領域**という。

✓ **排他的経済水域**では, 沿岸国が資源を自由に利用できる。

✓ **北海道の北方領土はロシア連邦に占拠されている。**

韓国も島根県の**竹島**(たけしま)を不法に占拠しているんだ。竹島のまわりでは, カニとかアジとか, 水産資源が豊富なのよ。

新鮮な魚介類を食べれるってことか！(じゅるり)

沖縄県にある**尖閣諸島**(せんかく)も, 領土問題ってわけじゃないが, 中国や台湾が領有を主張している。近年の調査で, 尖閣諸島のまわりでは石油がとれる可能性があるといわれているんだ。

なんや難しい話になってきたな。みんな仲良くしたらええのにな。

まあ, とれる魚や石油の量は多い方がいいからねぇ。

とはいえ, 日本で魚がとれなくなるのはすっげー困る！！

外国からお取り寄せしたらええんちゃう？ ノルウェーサーモンとか。

あ, そっか。それなら魚がいっぱい食えるな〜！ ネット社会, いいな。

お前の頭は, 食べもののことばかりだな…。

練 習 問 題

▶解答は P.140

1 次の問題に答えましょう。

(1) 領土, 領海, 領空をまとめて何といいますか。 （　　　　　　　　）

(2) 領海の外側で, 沿岸国に水産資源や鉱産資源の権利が認められている, 沿岸から200海里以内の海域を何といいますか。 （　　　　　　　　）

(3) ロシア連邦に不法に占拠されている, 択捉島, 国後島, 歯舞群島, 色丹島をまとめて何といいますか。 （　　　　　　　　）

(4) 韓国が不法に占拠している島根県に属する島を何といいますか。 （　　　　　　　　）

(5) 近年, 尖閣諸島の周辺でとれる可能性があるとされる資源は何ですか。

（　　　　　　　　）

05 時差の計算

 ついにこの時間が来よったで……。

 そんなに身構えなくてもいいんだが。
さて，みんな本初子午線はおぼえているかな？

 はい！　経度0度の経線のことです！

 はいはい！　ロンドンを通ります!!

 よーし正解だ！　本初子午線を基準に，世界は東経と西経に分けることができるんだったな。

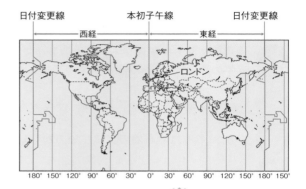

 時差は，**経度15度ごとに1時間**生じるのよ。
だから，本初子午線が通るロンドンと東経30度の地点との時差は，30（度）÷15（度）で，2 時間ってこと。

POINT

時差
地球は24時間で1周する。360（度）÷24（時間）=15（度）と考えよう。

 おお，なるほど！　30度の中に，15度は2コあるもんな。

 場所によって時間がちがうと困るから，国ごとに時間の基準となる経線を決めているんだ。この経線を標準時子午線というぞ。

 日本では，兵庫県明石市を通る東経135度の経線を標準時子午線としているよ。

 明石！　明石焼きがうまいところだな！　だしにつけて食べるのがいいんだコレが。

 と，いうことは，東経135度と東経45度の経度差は何度だ？　地図を見ながら考えるといいぞ。

 えっと……地図で見ると，ここが45で，ここが135やから，その間は90度やな。

 そうだ。135−45で90度だ。じゃあ時差は何時間になる？

 90（度）÷15（度）で……6時間!?

 大正解！

♡ **日本の標準時子午線は東経135度。**
♡ **時差の計算は，2地点の経度差÷15で求める。**
♡ **日付変更線は，経度180度にほぼ沿って引かれている。**

 大事なんは経度差やな！

 そうだ。これが西経45度と東経135度となると，地図がこんなふうに伸びるから，45+135で経度差は180度。

 時差は，180（度）÷15（度）で12時間ってことだね。

日本の東側には，経度180度にほぼ沿って**日付変更線**が引かれているの。この線の東側に近い地域から日付が変わっていくのよ。

日本すげー近いじゃん！　他の国より時刻が進んでるってこと？

そうよ。そう考えると，6時間の時差がある場所の**現地時間**もわかるはずよ。

日本の方が進んでるから，日本が正午のとき，6時間前の午前6時ってことやな！

 いい感じだな。次からは練習問題だ。なれるまで何度も解いてみよう！

練 習 問 題

▶解答は P.141

1 次の（　　　）にあてはまる数字を答えましょう。

（1）　時差は，経度差（　　　　　）度ごとに1時間生じます。

（2）　日本の標準時子午線は，東経（　　　　　）度の経線です。

2 次の問題に答えましょう。

（1）　本初子午線を通るロンドンと東京の経度差は何度ですか。また，時差は何時間ですか。

経度差（　　　　　度）　　　時差（　　　　　時間）

（2）　日本が午後5時のとき，ロンドンの現地時間は何時ですか。午前・午後を明らかにして書きましょう。

（　　　　　時）

日本の地域区分

 小学校でもやってるから，さすがにわかると思うが……，日本の都道府県は全部でいくつあるか，わかるか？

 47都道府県！　だよな！
（県名，全部はおぼえてないぜ！）

 1都1道2府43県やんな！
（県の位置はびみょうやわ～～）

 都道府県の名前と位置は一般常識だから，必ず身につけておこうな！

 は～い！

 都道府県と一緒に，地方区分もおぼえておくといいよ。
全部で**7つの地方区分**があって，どの県がどの地方に属しているかはおさえておこうね。

 実はぼく，九州地方や近畿地方に属する県がこんがらがってて……。

 わかるわ～。ウチら関西人からしたら，群馬とか栃木とか山梨とかの位置やら地方やらごちゃごちゃやわ。

 住んでいる地域によって得意不得意はあると思うが，そんなの関係なく，47都道府県全部おぼえてくれ。

 鬼や……。

 あ，そうだ。地方区分は他にもあるよ。**東日本・西日本**って分けるものとか，気候で分けるものもあるよ。

 東京の方は東日本，大阪の方は西日本ってことだよね！

 細かく分けることもあるぞ。中部地方は，気候のちがいから，北陸・中央高地・東海の3つに分けることができる。

日本の都道府県

7つの地方区分

 POINT

東日本・西日本

中部地方を通るフォッサマグナ（⇒P.084）を境に日本を東と西に分ける。

✓ **日本には47都道府県があり，7つの地方に分けられる。**

✓ **中部地方を境に 東日本と西日本に分けられる。**

✓ **中部地方は北陸・中央高地・東海，中国地方は山陰・山陽に分けられる。**

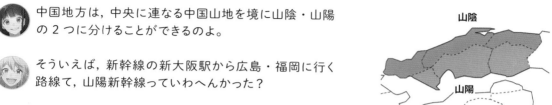

中国地方は，中央に連なる中国山地を境に山陰・山陽の2つに分けることができるのよ。

そういえば，新幹線の新大阪駅から広島・福岡に行く路線て，山陽新幹線っていわへんかった？

そうだな。ちょうど岡山－広島－山口の瀬戸内海側を通るから，名づけられたんだろう。

都道府県の名前や地方区分も，身近なものと関連づけるとおぼえやすくなるよ。

かわいいゆるキャラが増えているから，もしかしたらおぼえられるかも。

ゆるキャラ～？　ふ●っしーを境にブームすぎ去ったで。

お，おぼえられたらなんでもいいよ……！

練 習 問 題

▶解答は P.141

1 次の問題に答えましょう。

(1) 47都道府県のうち，「府」にあたる都道府県はどこですか。

（　　　　　　　）府　　（　　　　　　　）府

(2) 次の都道府県が属する地方を7つの地方区分から答えましょう。

① 長野県 （　　　　　　）地方　　② 宮城県 （　　　　　　）地方

③ 福岡県 （　　　　　　）地方　　④ 和歌山県（　　　　　　）地方

(3) 中国地方を中国山地を境に2つに分けたとき，岡山県, 広島県などがふくまれる地域区分を

何といいますか。　　　　　　　　　　　　　　　　（　　　　　　　　　　）

▶解答は P.141 〜 142

勉強した日　　　　月　　　　日	得点
	/100点

まとめのテスト

1 右の図を見て, 次の問いに答えましょう。　　　　　　　　5点×5(25点)

(1) 図中の **A** の大洋名を, 次の**ア〜ウ**から選びなさい。

　　ア 太平洋　　**イ** 大西洋　　**ウ** インド洋

　　　　　　　　　　　　　　　　　（　　　　　）

(2) 図中の **B・C** の大陸を何といいますか。

　　　　　　　　　B（　　　　　　　　）大陸

　　　　　　　　　C（　　　　　　　　）大陸

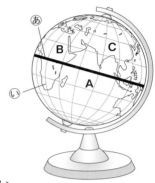

(3) 次の文中の①・②にあてはまる語句を, それぞれ書きなさい。

> 緯度は, 図中のあの（　①　）を０度として北緯と南緯に分けられる。経度は, 本初子午線を０度として東経と西経に分けられる。図中のⒾの線は,（　②　）という。

　　　　　　　　　①（　　　　　　　　　）　②（　　　　　　　　　）

2 右の地図を見て, 次の問いに答えましょう。　　　　　　　　5点×5(25点)

(1) 地図中の **A** と **B** の州名を, 次の
　　ア〜エからそれぞれ選びなさい。

　　ア ヨーロッパ州

　　イ アフリカ州

　　ウ オセアニア州

　　エ 北アメリカ州

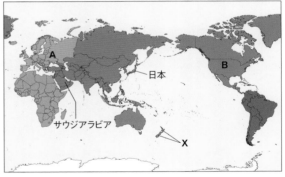

　　　　　　　A（　　　　）**B**（　　　　）

(2) 地図中の **X** のように, 海に囲まれて
　　いる国を何といいますか。

　　　　　　　　　　　　　　　　　　　（　　　　　　　　　　　）

(3) アジア州を細かく分けたとき, 地図中のサウジアラビアと日本がふくまれる地域を, 次の**ア〜**
　　エからそれぞれ選びなさい。

　　ア 西アジア　　**イ** 南アジア　　**ウ** 東南アジア　　**エ** 東アジア

　　　　　　　　　　サウジアラビア（　　　　）　日本（　　　　）

3 右の地図を見て，次の問いに答えましょう。 5点×10（50点）

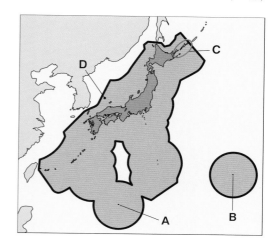

(1) 地図中の**A・B**の島を，次の**ア～エ**からそれぞれ選びなさい。

   ア 択捉島　　**イ** 与那国島

   ウ 南鳥島　　**エ** 沖ノ鳥島

             A（　　　　）

             B（　　　　）

(2) 地図中の**C**の島々は，日本固有の領土でありながら，他国に占拠されています。**C**の島々をまとめて何といいますか。

          （　　　　　　　）

(3) (2)の島々を占拠している国はどこですか。国名を書きなさい。

          （　　　　　　　）

(4) 島根県に属する日本固有の領土でありながら，現在，韓国が不法に占拠している地図中の**D**の島を何といいますか。

                         （　　　　　　　　）

(5) 地図中の ⬭ は，日本の海岸線から200海里以内の海域を示しています。領海をのぞく，海岸線から200海里までの海域を何といいますか。

                        （　　　　　　　　）

(6) 日本の位置について，次の文中の①・②にあてはまる語句を，それぞれ書きなさい。

> 　日本は，　①　大陸の東にある島国（海洋国）で，まわりには日本海や太平洋などが広がっている。緯度・経度で表すと，北緯およそ20～46度，　②　経およそ122～154度の範囲に位置する。

              ①（　　　　　　）大陸　②（　　　　　　）経

(7) 次の①・②にあてはまる国を，あとの**ア～エ**からそれぞれ選びなさい。

   ① 日本とほぼ同じ緯度に位置する国

   ② 日本とほぼ同じ経度に位置する国

   ア オーストラリア　　**イ** カナダ

   ウ アルゼンチン　　**エ** イラン

              ①（　　）　②（　　）

02

世界の人々の
生活と環境

Theme | 07 >>> 09

じゃあ逆に赤道からはなれた地域はどうだと思う？

このへん

太陽の光が当たらないから…

超寒い！ってことやな！

なるほどなるほど！気候のちがいがわかってきたぞ！

STOP!

池端くんちょっと待って！まだまだ入り口だよ！気候による生活のちがいもおさえておかないと！

生活って？

ようはむし暑い地域の人は薄手の服が多いが寒い地域の人はあったかい毛皮のコートをきてるってことだな

あんまりいっぱい言われるとこんがらがってくるな〜！

そりゃそうやな！寒い場所やと半そで短パンはきついわな〜！

ほかにも育つ植物がちがったり家のつくりがちがったり気候によるちがいはさまざまなんだよ

安心しろ！この章では，世界各地のくらしのちがいを見ていくぞ！

おっす!!

そういえば，前の章で西アジアと東アジアはちがうっていってたけど，何がちがうの？

 いろいろあるけど，まずは気候がちがうかな。

 そんなこともあろうかと，世界の気候の分布図を用意してきました。

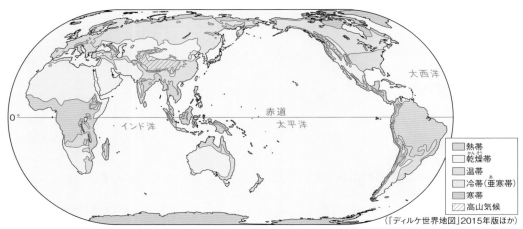

熱帯
乾燥帯
温帯
冷帯（亜寒帯）
寒帯
高山気候

（「ディルケ世界地図」2015年版ほか）

 茉里すご～！

 （用意がいいな……。）これを見て説明すると，サウジアラビアなどの西アジアは乾燥帯，日本や中国などの東アジアは 温帯 に属しているな。

 乾燥帯……ってことは，**お肌がカサカサになるってことか!?**

 気にする所そこなんだ…。たしかに，**雨がほとんど降らない**から，オアシスみたいな水が手に入る所は重宝されるの。

 日本は温帯にふくまれとんやな。

乾燥帯
１年を通して降水量が少なく，砂漠や草原が広がっている。

 温帯は**四季があって，比較的温暖**なのが特徴だ。日本の大部分が属する**温暖湿潤気候**，ヨーロッパやアメリカで見られる**地中海性気候**や**西岸海洋性気候**に分けることができるぞ。

 赤道付近に広がる**熱帯**と，北極や南極などに広がる**寒帯**は，さっき章の初めに説明していたところだね。

♡ **世界**は，熱帯，乾燥帯，温帯，冷帯（亜寒帯），寒帯の**5つの気候帯に分けられる**。
♡ **温帯**は温暖湿潤気候，地中海性気候，西岸海洋性気候に分けることができる。
♡ **日本の大部分は温帯**に属する。

 熱帯は超暑くって，寒帯は超寒いってことだな！

 そうね。寒帯は**ほとんど日が当たらない**から，夏以外は氷や雪で閉ざされてしまうよ。

 冷帯はどうなん？ 「冷」って書くくらいやからきっとすずしいやろな〜！

 寒帯ほどではないが，そこそこ寒いぞ。**永久凍土**という，昔からほぼ凍っている地層が見られるくらいだからな。

 タイガっていう針葉樹林帯も見られるの。自然が広がっていてきれいだよ。

 あ，茉里，行ったことあるんだ。

 うん，もちろん**全部**の気候帯に行ったことあるよ。暑すぎず寒すぎず……日本は過ごしやすい地域の1つね。

 説得力があるぜ……。

 POINT

熱帯
1年を通して気温が高く，年間の降水量が多い。熱帯雨林が広がる地域もある。

練 習 問 題

▶解答は P.142

1 次の（　　　）にあてはまる語句を答えましょう。

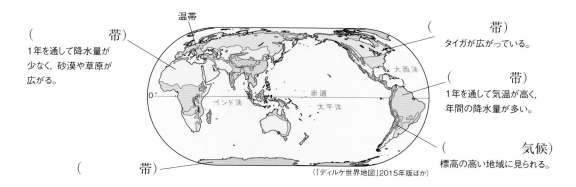

温帯

（　　　帯）
1年を通して降水量が少なく，砂漠や草原が広がる。

（　　　帯）
タイガが広がっている。

（　　　帯）
1年を通して気温が高く，年間の降水量が多い。

（　　　気候）
標高の高い地域に見られる。

（　　　帯）

（「ディルケ世界地図」2015年版ほか）

08 | 衣食住・宗教のちがい

 はーいそれでは，世界の生活のちがいについて見ていきまーす。人々の生活の中で大切なものが 3 つあります。1 つは，洸，お前が好きなことだ。

 ごはん!!

 よーしよし正解だ！

 「食」ってことやな。ほんならあと 2 つは……。

 衣服と住居だね。3 つ合わせて，「衣食住」！

 わたしたちがふだん当たり前だと思っている衣食住の文化も，国がちがえば全然ちがってくるのよ。次の表にまとめてみました。

 ⚜ POINT

日干しれんが
土をかためて，乾燥させたれんが。木材を得にくい地域で使われる。

衣（服装）	食（食事）	住（住居）
暑い地域…通気性のよい服。強い日差しや砂をさけるため，長そでの服を着る地域もある。	**米**…稲作がさかんな東アジアや東南アジアで主食。	**森林が育つ地域**…木造の建物。湿気を防ぐため，高床の住居が見られる地域もある。
寒い地域…寒さをしのぐため，毛皮や分厚い服。	**小麦**…ヨーロッパや北アメリカなど，世界各地で主食。	**乾燥した地域**…土や石づくりの建物。日干しれんがが使われることもある。
民族衣装…それぞれの地域で伝統的に着られている。 ・着物（日本） ・チマ・チョゴリ（韓国など） ・サリー（インドなど）	**とうもろこし**…中南米やアフリカなどで主食。 **いも類**…海洋地域などで主食。	**寒い地域**…凍った地面が熱で溶けないように，高床の住居が見られる地域もある。

 おお！　わかりやすい！

 これは世界の中のほんの一部だから，気になったら自分でも調べてみて！

 （みんなの茉里への好感度がどんどん上がっていく気がする……。）

 衣服も住居も，**その地域の気候やくらしに合わせたもの**になっているんだね。

 そうだな。世界の生活をおさえる上で，宗教も重要になってくる。

 たしかにな〜。毎週教会に行ってる外国人もおるもんな〜。

♡ **衣食住**は，その地域の気候やくらしに合わせている。
♡ **キリスト教**は，世界で一番信者の数が多い。
♡ **イスラム教**には，1日5回の祈りをするなどの決まりがある。

教会に行くということは**キリスト教**の信者だね。イエス＝キリストによって1世紀に開かれた宗教だよ。世界で一番信者の数が多いの。

12月25日のクリスマスは，キリストの生誕を祝う日なんだよね。

次に信者が多いのは**イスラム教**だ。7世紀にムハンマドが開いたんだ。

イスラム教は，**1日に5回お祈り**をするなど，きびしい決まりが多いのよ。豚肉も食べちゃだめなの。

生ハムもベーコンもケン●ッキーも食べれないのかよ！

ケン●ッキーは鳥だな。キリスト教，イスラム教に**仏教**の3つは世界の三大宗教とよばれている。

日本ってすごいわ。クリスマスをした次の週には，仏教のお寺で大晦日（おおみそか），神社で初詣（はつもうで）やもんな。

日本はいろんな宗教がまざりあって，結果的に「無宗教」といわれることもあるぞ。

> **エ** POINT
>
> **仏教**
> 紀元前6世紀ごろにシャカが開いた。僧侶となって悟りを開こうとする者もいる。

練習問題

▶解答は P.142

1 次の(　　　)にあてはまる語句を，下からそれぞれ選びましょう。

(1) 熱帯では，湿気を防ぐために，(　　　　　　　)の住居がつくられています。

(2) 東アジアや東南アジアでは，(　　　　　　　)を主食としています。

〔 **高床　日干しれんが　米　小麦** 〕

2 次の問題に答えましょう。

(1) 7世紀にムハンマドが開き，1日5回の祈りをささげる宗教を何といいますか。

(　　　　　　　　)

(2) 紀元前6世紀ごろにシャカが開いた宗教を何といいますか。

(　　　　　　　　)

世界の諸地域や国の調査

 あのさ，オレ，地理の勉強始まってからスゲー気になってることがあるんだけど。

 ほう……。どうした洸。

 世界の気候や衣食住について学んできたじゃんか。だから気になってんだ。**アルプスって本当にチーズ食えんのかなって！**

 アルプスって，スイスとかのこと？

 たしかにチーズおいしそうやんな〜。おじいさんがとろ〜りパンにかけてくれるやつ。

 六花，それ以上は元ネタがわかって怒られるからダメだ……。

 調べるにはどうすればいいんだろう……。

 そうだな。**まずはテーマを決めて，調査計画を立ててみよう。**テーマは興味のあることから決めるといいぞ。

> POINT
>
> **テーマ**
> なぜその場所を選んだのか，何が知りたいかを明らかにする。

 ズバリ……「アルプスに行けば，おいしいチーズが手に入るのか！」だな。

 テーマが決まったら実際に調べてみましょう。調べる方法は**新聞や図書館の書籍，インターネット**を利用するのもいいわね。

 最後に，調べた内容をまとめて，発表できるといいな。

 つまり，こういう流れってことやな！

①テーマの決定	②計画を立てる	③実際に調査する	④まとめて発表
・調査する国や地域を決める ・何を調べるか，テーマをしぼる ・テーマを選んだ理由をまとめる	・仮説を立てる ・どうやって調べるか，目途を立てる	・新聞 ・図書館の書籍 ・インターネット ・人に聞く 　　　　　etc.	・調べたことをまとめる ・発表する方法を考える

 その通りだ六花！　うまいことまとめたな。

✓ まずは興味のあることからテーマを決めよう。
✓ テーマを決めたら，調査計画を考えよう。
✓ 発表することを意識しながらまとめよう。

 図書館にパソコンあったよな！　ちょっと調べてくるわ！

 心配だわ……。

 一緒に行ってくるね！

〜〜数時間後〜〜

 おかえり〜。

 洸が途中でちがう国のごはんを調べ始めたから大変だった……。

 オレの調査結果を見てくれ！

テーマ アルプスではチーズが食べられるのか!?

　アルプスを舞台にした童話をきっかけに，本当にアルプスであのようなおいしそうなチーズが食べられているのかを，今回調査した。

アルプスはどこにある？

　ヨーロッパの中央部に位置する山脈。童話の舞台はスイスにあたる。

スイスはどんな国？

　人口859万人，面積は九州地方と同じくらいの4.1万km^2（2019年）。

　山がちな場所が多く，放牧や酪農など家畜の飼育が多く見られる。チーズとワインを鍋にいれてとかし，パンをつけて食べるチーズフォンデュという伝統料理がある。

調査結果

　アルプスでは，伝統的にチーズが食べられていた！　ぜひ食べてみたい！

アルプスの農業地域

2000m
夏に放牧が行われる地域
1500m
春と秋に放牧が行われる地域
1000m
500m
山のふもとに村が広がっている。

POINT

見出し
これから何を発表するのかを最初に大きく書こう。

POINT

図・写真
文字ばかりではなく，図や写真を入れると伝わりやすくなるよ。

POINT

まとめ
結論と自分の感想を入れると説得力がUPするよ！

 洸は食べ物のことになるとやる気がすごいな。

 ほとんど茉里が手伝ったんだけどね。

 今回のテーマは，池端くんの食欲が役に立ったわね。

まとめのテスト

1 次の地図を見て, あとの問いに答えましょう。 5点×9(45点)

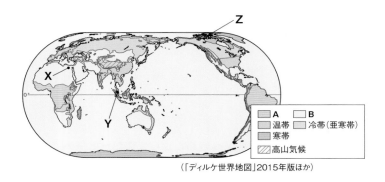

（「ディルケ世界地図」2015年版ほか）

(1) 地図中の**A・B**にあてはまる気候帯の名前を書きましょう。

A（　　　　　　　　） B（　　　　　　　）

(2) 地図中の**A・B**の気候帯の説明を, 次の**ア～ウ**から選びなさい。

ア ほとんど日が当たらず, 夏以外は氷や雪でとざされる。

イ 1年を通して気温が高く, 年間の降水量が多い。

ウ 1年を通して降水量が少なく, 砂漠や草原が広がっている。

A（　　　） B（　　　　）

(3) 地図中の**X～Z**の都市の気
温と降水量を示した雨温図を,
右の**ア～ウ**からそれぞれ選び
なさい。　　**X**（　　　）
　　　　　　　Y（　　　）
　　　　　　　Z（　　　）

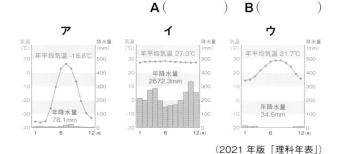

（2021年版「理科年表」）

(4) 地図中の冷帯（亜寒帯）で広がる針葉樹林帯を何といいますか。

（　　　　　　　　　）

(5) 地図中の温帯のうち, 日本が属している気候を, 次の**ア～ウ**から選びなさい。

ア 西岸海洋性気候　　**イ** 地中海性気候　　**ウ** 温暖湿潤気候 （　　　　）

2 次の問いに答えましょう。　　　　　　　　　　　　　　　　　　5点×7（35点）

（1）　寒い地域で高床の住居が見られる理由を，次の**ア〜ウ**から選びなさい。

　　ア　強い日差しや砂をさけるため。

　　イ　湿気を防ぐため。

　　ウ　地面に熱が伝わらないようにするため。

　　　　　　　　　　　　　　　　　　　　　　　　　　　　　（　　　　　　）

（2）　次の①〜③の文にあてはまる農産物を，┌ ̄ ̄ ̄ ̄┐から選んで書きなさい。

①　ヨーロッパや北アメリカなど，世界各地の主食となっている。
②　主に，東アジアや東南アジアで主食となっている。
③　中南米やアフリカなどで主食となっている。

　　　　　　　　　　┌──────────────────────┐
　　　　　　　　　　│　米　　とうもろこし　　小麦　　いも類　│
　　　　　　　　　　└──────────────────────┘

　　　　　　①（　　　　　　　　）　②（　　　　　　　　）　③（　　　　　　　　）

（3）　次の①〜③の文にあてはまる宗教を，あとの**ア〜エ**から選びなさい。

①　紀元前6世紀ごろにシャカが開いた宗教で，東アジアや東南アジアに信者が多い。
②　世界で一番信者の数が多く，信者は教会で祈りをささげる。
③　1日5回の祈りをささげ，豚肉を食べることを禁止するなど，きびしい決まりが多くある。

　ア　キリスト教　　　　**イ**　仏教

　ウ　ヒンドゥー教　　　**エ**　イスラム教

　　　　　　　　　　　　　①（　　　　　）　②（　　　　　）　③（　　　　　）

3 次の**A〜D**を，世界の諸地域や国の調査をする順番に並べ替えましょう。　　5点×4（20点）

A　仮説を立てたり，どうやって調べたりするかなど，調査計画を立てる。
B　調べたことをまとめて，発表する方法を考える。
C　新聞や図書館の書籍，インターネットなどで実際に調査する。
D　調査する国や地域を決め，何を調べるか，テーマを決める。

　　　　　　　　　（　　　　　）→（　　　　　）→（　　　　　）→（　　　　　）

03

世界の諸地域

Theme | 10 >>> 21

たとえばヨーロッパ州の
スイスのあたりは
酪農といって牛の飼育が
さかんだったよね

北アメリカ州は広大な
とうもろこし畑が
広がっているんだよ

そっか！ だから
ヨーロッパではチーズで
アメリカではポップコーンが
お土産なんだね！

なるほど〜

まぁ
工場で大量生産する
こともあるから
すべてとは
いえないが…

地域によって
気候がちがうから
行われる農業も
ちがうんだ

気候は前の
単元でやったから
わかるで！

そうそう。
雨の多いところでは,
米づくりがさかんだし,
乾燥している地域では,
麦づくりがさかんだし

気候と農業は
深く結びついて
いるの

米が食えるところと
パンが食えるところが
あるってことだな！
だんだんわかって
来たぜ！

あ！
でもこっちの
チョコレートは
ガーナ産じゃん！
ガーナってアフリカの
国だったよな？

↑ガーナ
このへん

たしかに
チョコレートの原料の
カカオはガーナ産だが
これは気候とはちょっと
ちがう話になるな

カカオ

うまい

そうね
ガーナのカカオ生産は
アフリカの歴史と
関係があるの

ここは
あとで勉強
しましょ

アジア州①

 州ごとに勉強していくとはいったが，まあ最初は自分たちの国がある州だな。

 アジア州だな！

 アジア州は，地図を見てもわかるように，東西に大きく広がっている州なんだ。国ごとに特徴があるからおさえておこう。

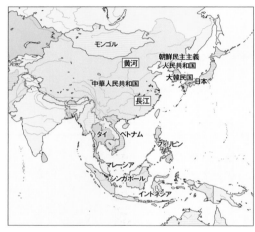

 あ！　中国は知ってんで。**人口が世界1位の国**なんやろ！

 そうだね。人口はおよそ14億人。人口の増加を抑えるために，最近まで**一人っ子政策**がとられていたの。経済成長も続いているのよ。

 14億!?　想像できないな……。

 中国に次いで人口が多いのは南アジアにある インド だ。国民の多くが**ヒンドゥー教**を信仰していて，近年は**ICT**（情報通信技術）産業が発展しているんだ。

POINT

ヒンドゥー教
牛を聖なる動物として食べてはいけないという決まりがある。川で身を清める沐浴を行う。

 カレーがうまい国だな！　行ってみたいな〜!!

 中国，インドに加えて，東南アジアや西アジアの国々も経済発展を続けているんだよ。

 東南アジアの国々ってことは，タイやシンガポールのこと？

 そうだ。1国だと，アメリカや中国などの大国にはかなわない。そこで，東南アジアの国々は，**ASEAN**（東南アジア諸国連合）を結成して，結びつきを強めているんだ。

♡ **世界一人口が多い国は中国，二番目に多い国はインドである。**
♡ **東南アジアではASEAN（東南アジア諸国連合）が結成されている。**
♡ **西アジアの石油産出国はOPEC（石油輸出国機構）に加盟している。**

 みんなで戦えば，強い奴にも勝てるってことだな！

 ペルシャ湾周辺は石油の産出が多いから，沿岸の国々は，OPEC（石油輸出国機構）に加盟しているよ。この組織は世界の石油価格に影響をあたえているの。

 西アジアってことは，サウジアラビアやアラブ首長国連邦やな。石油王がいっぱいいるそうやな。

 勉強していけば，六花も石油王と出会って玉の輿にのれるんじゃないの〜？

 え〜〜やだあ〜〜もう〜〜。（テレテレ）

 石油王から直接聞いた話なんだけど，命を狙われたり，実の兄弟で遺産相続争いが起こったり，息をつくひまもないらしいよ。

 そんなリアルな話，いらん！！

 さすがお金持ち……。

練 習 問 題

▶解答は P.144

1 次の問題に答えましょう。

(1) 右の地図中の**A**の山脈と，**B**の河川の名称をそれぞれ答えましょう。

A（　　　　　　　山脈）

B（　　　　　　　　）

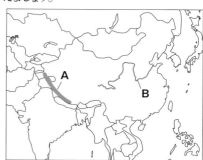

(2) 人口増加を抑えるため，かつて中国で行われていた政策を何といいますか。

（　　　　　　　　　）

(3) 東南アジアの国々が，経済的・文化的な結びつきを強めるために結成している組織を何といいますか。

（　　　　　　　　　　　　）

アジア州②

 いよいよ洸のお待ちかねね。アジア州の農業について見ていきます。

 農業ってことは，メシについてだな!!　楽しみだぜ！

 農業だけじゃなくて鉱工業や文化についてもやるよ。

 アジアでは，地域ごとに気候がちがうのはおぼえているな。

  はーい。Theme02でやりましたー。

 農業もその地域の気候やくらしに合わせて行われているんだ。

 たとえば，東アジアは季節風の影響で雨が多く降るから，稲作がさかんになっているのよ。

 稲作は東南アジアでもさかんだ。二期作といって1年に2回米を育てる地域もあるぞ。

 そういえば，アジアには，米が主食になっとる地域が多かったな。米がたくさんとれるっちゅーわけやな。

 東南アジアでは，プランテーションでの天然ゴムやバナナの栽培もさかんだ。

 プラネットステーション？　宇宙の駅？

 プランテーション。植民地時代に，輸出用の作物をつくるために開かれた大農園のことよ。

 西アジアや内陸のあたりは乾燥帯に属してたよね。作物が育たないけどどうしてるの？

 いい質問だな。作物が育たないかわりに，羊やラクダなどの家畜の飼育が行われている。モンゴルのあたりでは，移動しながら家畜を飼育する遊牧が行われているぞ。

 東アジアでは米！　東南アジアではバナナ！　内陸ではラム肉が食えるってことだな！

 おぼえ方が雑だが，だいたい合ってる。

 食べることに関する洸の集中力はほんま尊敬するわ。

 鉱産資源についても見ておきましょう。

 POINT

鉱工業
工業や，鉱産資源を産出する鉱業をまとめたよび方。

 POINT

季節風
季節によって吹く向きが変わる風。東アジアや東南アジアに多くの雨をもたらす。モンスーンともいう。

♡ **東南アジア**では**プランテーション（大農園）**での農業がさかん。
♡ **西アジアのペルシャ湾沿岸**の国では，**石油の産出**がさかん。
♡ **中国**では，**経済特区**を設けて**工業化**が進められた。

 前の単元でやったな。石油王がおるんは西アジアやったな。

 西アジアのペルシャ湾沿岸に石油の産出国が集中しているんだ。中国やインドなどで，石炭や鉄鉱石もとれるぞ。

 工業が発達しているのは……やっぱり中国？

 そうね。中国は，**経済特区**を設けて工業化を進め，今や「世界の工場」とよばれているんだよ。

ＰＯＩＮＴ

経済特区
外国の企業を受け入れるために設けた地域。 シェンチェンやアモイなど5か所ある。

 最近は，東南アジアの国々やインドも工業化が進んでいるぞ。**賃金が安く，労働力も多いため**，日本やアメリカなど世界中の国々が進出しているんだ。

 そういや，オトンもいうとったけど，昔よりも中国製やインド製の製品が増えとるらしいなあ。

 シューマイや餃子とか，カレーも日本の食卓にはなくてはならないからな。(キリッ)

 ひとついっておくが，それらの食べ物は工業化には関係がないぞ。

練 習 問 題

▶解答は P.144

1 次の問題に答えましょう。

(1) 東アジアの気候に影響をあたえている，季節によって吹く向きが変わる風を何といいますか。

（　　　　　　　　　）

(2) 東南アジアで多く見られる，植民地時代に輸出用の作物をつくるために開かれた大農園を何といいますか。

（　　　　　　　　　）

(3) 西アジアのペルシャ湾沿岸国で産出が多い鉱産資源は何ですか。

（　　　　　　　　　）

(4) 中国のシェンチェンやアモイなど，外国の企業を受け入れるために設けられた地域を何といいますか。

（　　　　　　　　　）

ヨーロッパ州 ①

 アジアの次は，お隣のヨーロッパやな！

 東アジアの日本から見たら，お隣って感じしないけどね。

 ヨーロッパ州には，前に洸が調べた**アルプス山脈**や，国際河川であるライン川やドナウ川が流れているぞ。

 こないだ調べたスイスがあるところだな！

 ノルウェーの沿岸では，氷河によってＵ字形にけずられた**フィヨルド**とよばれる複雑な湾が見られるよ。

 ヨーロッパって自然豊かな感じだよね。

 気候は温帯や冷帯に属しているが，日本よりも緯度が高いところが多いのに，暖かいんだ。なんでかわかるか？

 緯度が高くなるってことは北に行くってことやから，寒くなりそうやけど……。なんでやろ……。

 実はヨーロッパの西の海に**北大西洋海流**という暖かい海流が流れているんだ。この上を偏西風が吹くため，**高緯度のわりに温暖な気候**なんだ。

 へ〜。過ごしやすそうだね。あ！　地中海の周辺は，**地中海性気候**だったよね。

 そうそう。地中海性気候は，**夏は乾燥し，冬はやや降水量が多くなっている**よ。

 にしても……こんなに小さな国がいっぱいあったら，全部おぼえきれねーよ！

 大丈夫だ。ヨーロッパ州にも，国がまとまるための組織がつくられている。それが**EU（ヨーロッパ連合）**だ。

 あ！　テレビで聞いたことあるわ！　イギリスが離脱したとかどうとかって……。

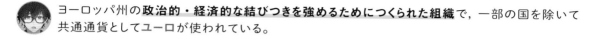

♡ ヨーロッパ州は，暖流の北大西洋海流と偏西風の影響を受け，**高い緯度のわりに温暖である。**

♡ **EU（ヨーロッパ連合）**では，**ユーロ**が使われている。

ヨーロッパ州の**政治的・経済的な結びつきを強めるためにつくられた組織**で，一部の国を除いて共通通貨としてユーロが使われている。

国境を通るときにパスポートがいらなかったり，貿易品に関税がかからなかったりするため，加盟国間でものや人が多く行きかっているのよ。

旅行するときは便利やな。

加盟国間で**経済格差**が広がっていることも問題になっているし，2020年にはイギリスが離脱して加盟国が27か国になったことがニュースになっていたな。おい，洸どうした？

ヨーロッパの地図を見てるとイギリス，フランス，ドイツ，イタリア，スペイン……俺の知ってる国ばかりだ。

サッカーじゃない？　ヨーロッパ州の国ってサッカー強いしさ。

おおお！　そうかも！　オレ，サッカーしながら地理の勉強してたんだな！　天才的だな！

その発想ができることが一番天才的だ。

ユ POINT

経済格差
東ヨーロッパの国々は，西ヨーロッパの国々に比べて所得が低くなっている。賃金の安い東ヨーロッパへ工場を移転する企業もある。

練 習 問 題

▶解答は P.144

1 次の問題に答えましょう。

(1) 地図中の**A**の河川・**B**の山脈の名称をそれぞれ答えましょう。

A（　　　　　川）

B（　　　　山脈）

(2) ヨーロッパの気候に影響をあたえる，西からの風を何といいますか。　（　　　　　）

(3) EU（ヨーロッパ連合）で用いられている共通通貨を何といいますか。

（　　　　　　　）

ヨーロッパ州②

 ヨーロッパの気候について見てきたけど，農業や工業もやっぱりちがうの？

 もちろんだ。ヨーロッパ州の農業はざっくり分けて3つ！　北西部や東部の混合農業に，地中海周辺の**地中海式農業**，北部やアルプス山脈周辺の**酪農**の3つだ！

 酪農は，**牛を育てて牛乳やチーズをつくる農業**だったよな！（ドヤァ）

 さすが，食べ物がからむと人が変わるなあ。

 混合農業は，**小麦やライ麦などの穀物の飼育と，豚や牛などの家畜の飼育を組み合わせた農業**のことだ。ヨーロッパ最大の農業国であるフランスや，ドイツなどでよく見られる。

 ウチの得意なフランス料理でも，小麦や牛肉をようつこてるわ。

 地中海式農業は，地中海性気候に合わせてオリーブや小麦，ぶどう，オレンジなどを栽培する農業のことね。ほら，イタリアでは，パスタやオリーブを使った料理が主流でしょ。

 スパゲッティにピザにティラミスに……イタリアにはうまいもんいっぱいあるもんな！

 地図でまとめると右のような感じだよ。

 さて，工業についてだ。工業は，ドイツのルール工業地帯でさかんになっている。

 ドイツはヨーロッパ最大の工業国とおぼえておくといいよ〜。

 農業はフランス，工業はドイツやな！　バッチリやで！

 ただ，19世紀以降，ヨーロッパの多くの国で工業化が進んだことで，**酸性雨**などの環境問題も深刻化している。

 近年は，**持続可能な社会**をめざして，環境に配慮した取り組みがさかんなんだよ。ヨーロッパだけじゃないけどね。

 農業や工業についてはわかったけど，ヨーロッパ州の文化にもちがいがあるの？

ヨーロッパの主な農業区分

混合農業

酪農

地中海式農業

0 　　　1000km

（「ディルケ世界地図」2015年版ほか）

✓ **ヨーロッパ州では，混合農業，地中海式農業，酪農がさかん。**
✓ **近年，持続可能な社会をめざす取り組みがさかん。**
✓ **ヨーロッパ州では，地域によってキリスト教の宗派がちがう。**

ヨーロッパやから，[キリスト 教] の教会が多いんちゃう？

そうだな。ただ，同じキリスト教でも，実は宗派がちがう。南部では**カトリック**，北西部では**プロテスタント**，東部では**正教会**が信仰されている。

ヨーロッパの宗教

ヨーロッパの言語

同じキリスト教じゃないのか！

ざっくりいうと，大事にしている教えがちがう。それに言語も国によってちがうぞ。

こんなに!?　オレ，いつかヨーロッパでクリスティアーノ・ロナウドに会うのが夢だったのに！何語であいさつすればいいかわかんねえ！

……?　ポルトガル出身なんだから，ポルトガル語でいいんじゃない？

練 習 問 題

▶解答は P.144

1 次の問題に答えましょう。

(1) ヨーロッパ州の北西部や東部で行われている，穀物の栽培と家畜の飼育を組み合わせた農業を何といいますか。　　　　　　　　　　　　　　（　　　　　　　　　）

(2) 地中海の沿岸で行われている，気候に合わせて小麦やオリーブ，ぶどう，オレンジなどを栽培する農業を何といいますか。　　　　　　　　　　　　（　　　　　　　　　）

(3) ルール工業地帯が広がる，ヨーロッパ最大の工業国はどこですか。

（　　　　　　　　　）

(4) ヨーロッパの南部で主に信仰されている，キリスト教の宗派を何といいますか。

（　　　　　　　　　）

アフリカ州①

 ヨーロッパ州の次はアフリカ州について見ていくよ。

 アフリカ州の中央部には赤道が通っている。つまり，熱帯から乾燥帯，温帯に属しているってことだな。

 熱帯……，めっちゃ暑いんやな。

 そう。そのため，北部には，世界最大の砂漠であるサハラ砂漠が広がっているぞ。エジプト文明が栄えた，世界最長のナイル川と一緒におさえておこう。

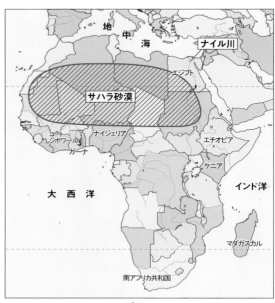

 エジプトっていったらピラミッドのある国だな！　たしかに砂漠が広がっているイメージ！

 アフリカのもう1つの特徴は国境線ね。かつてほとんどの国がヨーロッパの植民地だったから，直線的な国境線が多いんだよ。

POINT

直線的な国境線
緯線や経線をもとに人工的に決められた国境線。民族の分布を無視して引かれたから，紛争の原因にもなっているよ。

 植民地だった影響で，現在でも英語やフランス語が公用語として使われている国も多いぞ。

 ヨーロッパの文化も残っているっていうことだね。

 とはいえ，アフリカはまだほとんどが発展途上国であるため，貧困や食料問題など課題がたくさんあるんだ。

 都市ですら電気や水道などのインフラが整備されていないから，環境の悪いスラムという地域に住む人が増えているみたい。

 なんや，ふんだりけったりやな。応援したなるわ！

 サハラ砂漠周辺，とくに南部のサヘルなんかでは，砂漠化などの環境問題も進んでいるようだしな。

POINT

砂漠化
過放牧や過耕作の影響で砂漠が広がっている。

 た，たいへんな地域だな！

✓ **アフリカ州の北部には**サハラ砂漠**が広がっている。**

✓ **アフリカ州の国には，緯線や経線をもとにした直線的な国境線が多い。**

✓ **AU（アフリカ連合）が結成されている。**

 いろいろな問題を解決するために，多くの国がアフリカを支援しているし，2002年には，EU（ヨーロッパ連合）を参考にして，AU（アフリカ連合）が結成されたんだよ。

 南アフリカ共和国は，BRICS の 1 つに数えられるほど，経済成長がいちじるしいしな。

𝕀 POINT

BRICS

経済成長がいちじるしいブラジル（B），ロシア（R），インド（I），中国（C），南アフリカ共和国（S）の頭文字をとったよび名。

 なんや，ちょっとほっとしたわ。

 暗い話ばっかりじゃなかったんだな。

 そうでもないぞ。発展途上国は農業や鉱工業にもさまざまな課題がある。解決するためには，国境をこえた協力が必要だぞ。

 そんなに……!?　話が壮大になってきた……!

 次の単元に続きまーす。

練 習 問 題

▶解答は P.145

1 次の問題に答えましょう。

（1）　アフリカ州北部に広がる，世界最大の砂漠を何といいますか。

（　　　　　　　　　砂漠）

（2）　かつて流域でエジプト文明が栄えた，世界一長い河川を何といいますか。

（　　　　　　　　　川）

（3）　過放牧や過耕作の影響で砂漠が広がる環境問題を何といいますか。

（　　　　　　　　　　）

（4）　経済発展がいちじるしく，BRICSの一つに数えられているアフリカ州の国はどこですか。

（　　　　　　　　　　）

アフリカ州②

 さて，アフリカ州の農業だが，植民地だったアフリカにも**プランテーション**がつくられている。

 輸出用の作物をつくる大農園やったな。

 そうだ。アフリカ州では，**ギニア湾沿岸のカカオ**や，綿花，コーヒーなどの栽培がさかんだ。

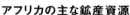

ヱ POINT

ギニア湾

コートジボワール，ナイジェリア，ガーナなどが接する，赤道が通る湾。

 カカオはチョコレートの原料だな！

 乾燥帯の地域では牛やラクダを飼育する**遊牧**，砂漠では**オアシス**の農業もさかんよ。

 オアシスっていったら，**砂漠の中で地下水がわき出るところ**だよね。農業ができるんだね。

 アフリカは鉱産資源も豊富だからおさえよう。

 うわ！　あっちこっちでとれるやん！　ダイヤモンドもとれんねや！

 コバルトやマンガン，プラチナなど，**レアメタル（希少金属）**とよばれる資源も豊富だ。これらの金属は，量が少なかったり，とるのが難しかったりするんだ。

 読んで字のごとく。希少ってことなんだね。

 希少金属は携帯電話とか電子機器に使われているから，アフリカの国々にとって貴重な輸出品になっているのよ。

 希少やったら高く売れるやろな〜。

 そう。だから輸出品の多くを鉱産資源にたよる国も多いんだ。

 ??　どゆこと？

 アフリカ州の国々は工業が発達していない国が多い。だから，輸出品が右のように1つの農産物や鉱産資源で成り立つ国もあるんだ。そうなるとどうなるか……。

アフリカの主な鉱産資源

♯	石油，天然ガス
■	石炭
◆	ウラン
●	鉄鉱石
▲	銅
▼	マンガン
●	クロム
☆	金
◆	ダイヤモンド

（2010年版「ディルケ世界地図」ほか）

ナイジェリアの輸出品

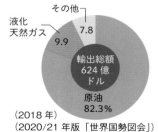

その他 7.8
液化天然ガス 9.9
輸出総額 624億ドル
原油 82.3%

（2018年）
（2020/21年版「世界国勢図会」）

いっぱい売れてええやん。

 あ，でも売れなくなったら困るよね。お金が入ってこなくなるし。

 そうだ。農産物や鉱産資源は，**天候や景気の影響で価格が変わりやすい。**輸出品の種類が少ないと，収入が不安定になってしまうんだ！

 ほんまや！　めっちゃ危ないやん！

 このような単一の農産物や鉱産資源にたよる経済を**モノカルチャー経済**というんだよ。

 カカオばっかり輸出しててもダメなのか。カカオ，おいしいのに…。

 いやいや！　開発の余地があるってことは，お金もうけのチャンスがあるってことやんな！　アフリカ州，狙い目やでえ！

 急にどうした！?（商売人の血をめざめさせてしまったか…?）

練 習 問 題

▶解答は P.145

1 次の問題に答えましょう。

(1) コートジボワールやガーナなど，沿岸国でカカオの栽培がさかんな湾を何といいますか。

（　　　　　　　　　　湾）

(2) 砂漠の中で地下水がわき出るところを何といいますか。

（　　　　　　　　　　　）

(3) コバルトやマンガンなど，量が少なかったり，とるのが難しかったりする金属をまとめて何といいますか。

（　　　　　　　　　　　）

(4) アフリカ州の多くの国で見られる，単一の農産物や鉱産資源に輸出をたよる経済を何といいますか。

（　　　　　　　　　　　）

16 北アメリカ州①

 さあ，世界の諸地域も後半戦だ。次に学習する州は……。

 ポップコーンがうまい国だな！

 そうだ。アメリカ合衆国がある北アメリカ州だ。洸，おどらなくてもいいぞ。
北アメリカ州は，面積が世界で2番目に大きい**カナダ**，3番目に大きい**アメリカ合衆国**と，属する国の数は少ないが面積がバカでかいのも特徴だ。

 ロッキー山脈のような険しい山脈が連なっている地域や，**グレートプレーンズ**という広大な平原が広がる地域もあるし，大きな河川が流れていたりと自然豊かな州なのよ。

 こんなに広いと移動も大変やろな〜。

 そう。だからアメリカ合衆国では自動車が生活にかかせないんだ。太平洋側の都市から大西洋側の都市までは飛行機で6時間くらいはかかる。

 6時間はしんどいな。

 ほかにも，Tシャツやジーンズ，ハンバーガーなどもアメリカで誕生した文化だな。

 マ●ドナルドさんにはいつもお世話になってます！

 ケン●ッキーさんもやで！　たまに無性に食べたくなるやん！

 それだけアメリカは広く，人も多いんだ。北アメリカ州にはもともとネイティブアメリカンやイヌイットといった先住民族が住んでいたんだが，17世紀にヨーロッパからの**移民**が開拓を進め，先住民族は追いやられていくんだ。アフリカから奴隷も連れてこられるんだ。

 かわいそう……。

 その後，18世紀後半にイギリスから独立を果たしたわけだが，英語やキリスト教などのヨーロッパの文化はあちこちに残ったまま，発展していくんだ。こうして，多種多様な民族が生活するアメリカの**多文化社会**ができあがったってわけだ。

地図内ラベル：
カナダ／プレーリー／ロッキー山脈／五大湖／グレートプレーンズ／ミシシッピ川／アメリカ合衆国／中央平原／メキシコ

最近では，賃金の安いメキシコなどの中南米から**ヒスパニック系の移民**が増えているよ。

 ほんま自由の国なんやな，アメリカは。

 多国籍企業として，世界中で活躍している企業も多いしな。**アメリカは世界最大の経済大国**でもあるな。

 規模も国土もでっけー国だな！　オレも社長になったら，アメリカに進出したいぜ！

 そっか。洸は将来，社長になるのが夢だったよね。

 おう！　グローバルで世界を股（また）に掛ける社長になってみせるぜ！

 何言ってるかわからんが，そのためには，ありとあらゆる社会の知識を身につけないとな！　やる気になってくれてうれしいぞ！

 が，がんばりま～す……。

> **Ⅰ POINT**
> ヒスパニック
> スペイン語を話す中南米からの移民。

> **Ⅰ POINT**
> 多国籍企業
> 国境をこえて複数の国で活動する企業。

練 習 問 題

▶解答は P.145

1 次の（　　　）にあてはまる山脈名，河川名，国名などを答えましょう。

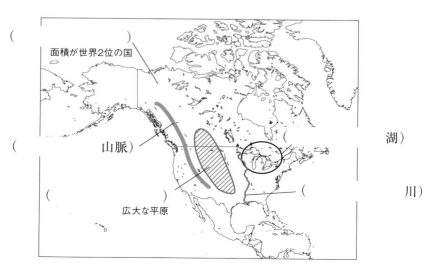

北アメリカ州②

 北アメリカ州は国土も広いから，気候がそれぞれちがうんだ。

 ってことは，農業も各地でちがうんだね！

 そういうことだ！　それぞれの自然環境に適した農作物を栽培する適地適作が行われているんだ。

 面積がとっても広いから，大型の機械で大量生産する企業的な農業も行われているよ。

 アメリカ産の牛肉は，放牧がさかんな西の方でつくられとんやな。

 小麦や大豆，とうもろこしは，世界に大量に輸出しているぞ。日本でも大部分がアメリカ産のものだ。

アメリカの農業区分

（2017年版「グーズ世界地図」ほか）

 ええ〜！　日本で食べてるから，てっきり日本産のものかと思ってたぜ！

 アメリカは世界中に多くの食料を輸出しているから，「世界の食料庫」ともよばれているよ。

 アメリカには，うまいもんがいっぱいあるってことだな！

 アメリカは農業だけではないぞ。工業も発展しているんだ。特に北緯37度以南のサンベルトだな。

 北緯37度以南てどこらへんや？

 このへんよ。このあたりは比較的温暖な地域だから，サンベルトというんだよ。

アメリカの主な工業都市

 この地域では，近年，コンピューターやインターネットを使ったICT（情報通信技術）産業が発達している。航空機やロケットの開発も，この地域で行われているぞ。ハイテク（先端技術）産業だな。

✓ 北アメリカ州では，大型の機械で広大な土地を経営する企業的な農業がさかん。
✓ アメリカ合衆国の北緯37度以南の地域には，サンベルトとよばれる工業地帯が広がっている。

 航空機に，ロケット！

 いいな〜。一度見てみたいよね〜！

 男子はテンションあがりよんな〜。

 サンフランシスコの郊外にあるシリコンバレーにも，多くの会社が集まっているのよ。リンゴのマークのあの会社とか，Gで始まるあの会社とか……。

POINT

シリコンバレー
サンフランシスコ郊外にあるICT（情報通信技術）産業の会社が集中した地域。「シリコン」という半導体の材料の名前からつけられた。

 その他にも，鉄鋼業がさかんなピッツバーグ，自動車製造の中心だったデトロイトは，かつてのアメリカをささえた工業都市だ。現在は，サンベルトが中心だが……。

 へぇ〜。アメリカってすごい国なんだね。一度行ってみたいな〜。

 結構すぐに行けるわよ。飛行機で13時間くらい。

 13時間!? お嬢様の感覚はようわからんわ……。

練 習 問 題

▶解答は P.145

1 右の地図中の**A〜C**で行われている農業をそれぞれ答えましょう。

A （　　　　　　　　）の栽培

B （　　　　　　　　）・大豆の栽培

C 牛の（　　　　　　　　）

（2017年版「グーズ世界地図」ほか）

2 次の問題に答えましょう。

(1) アメリカでは，その地域の自然環境に適した農作物を生産しています。このことを何といいますか。

（　　　　　　　　）

(2) サンフランシスコ郊外にある，ICT（情報通信技術）産業が発達している地域を何といいますか。

（　　　　　　　　）

18 南アメリカ州①

 お！　南アメリカ州がテーマか！　サッカーの聖地，ブラジルがある州だな！

 日本からしたら地球の裏側やもんな〜。想像つかへんわ。

 南アメリカ州には，ブラジルやペルーを中心に日本から移住した人も多く，**日系人**もたくさん住んでいるんだぞ。

エ POINT

日系人
日本から外国へ移住した日本人やその子孫。

 へ〜！　そうなんだ！

 まずは南アメリカ州のすがたについて見ていこう。北部には赤道が通っている。ということは？

 熱帯 に属してるっちゅーことやな！

 正解！　中部は温帯だけど，南端は南極に近く寒帯に属しているよ。**アンデス山脈**の周辺は**高山気候**に属しているよ。

 高山気候って，これまで勉強した気候帯とはちがうの？

 標高が高いから赤道直下だけど気温が低いの。寒すぎて作物が育たないから，**リャマ**や**アルパカ**っていう動物を育てているよ。

 アルパカってあのかわいい動物やんな〜。飼ってるなんて羨ましいわ〜。

 家畜だけどな。
アンデス山脈のほかにも，南アメリカ州で特徴的な地形だが，まずは，赤道直下に流れている**アマゾン川**。流域面積は世界最大で，周辺には**熱帯雨林**が広がっている。

 「アマゾンの秘境」とか，聞いたことあるぜ！　ゲームで！

 秘境はわからないけど，遺跡ならあるよ。ペルーにかつて栄えた**インカ帝国**の遺跡であるマチュピチュ！

 あ！　テレビで見たことあるよ！　すっごい山の上につくられた遺跡だよね！

✓ **アンデス山脈**周辺は，高山気候に属している。
✓ 北部を流れる**アマゾン川**は世界最大の流域面積をもつ。
✓ **南アフリカ州**は，かつてスペインやポルトガルの**植民地**だった。

 そもそも南アメリカ州にも，多くの先住民族が住んでいたんだが，**16世紀にスペインやポルトガルに植民地として支配された**んだ。

 また植民地の話か……。ヨーロッパ人世界進出しすぎやで！

 だから，今でもスペイン語を公用語としている国が多く，ブラジルだけはポルトガル語を使っているの。また，キリスト教が広く信仰され，**メスチソ**とよばれる，ヨーロッパ人と先住民の混血の人々も多いくらいだし。

 ブラジルの人はカーニバルしてるし，サッカー好きだし，明るい人ばっかりだと思ってたけど，そんなつらい過去があったんだな。

 カーニバルでおどるサンバは，もともとアフリカのおどりだし，サッカーもヨーロッパが発祥のスポーツだよ。

 えええええええ！ そうなの!? サッカーはブラジルで生まれたんだと思ってた！

 今やいろんな国で楽しまれてるからな。そういうスポーツや食べ物，結構多いぞ。

練 習 問 題

▶解答は P.146

1 次の問題に答えましょう。

(1) 右の地図中の**A**の山脈・**B**の河川の名称を，それぞれ

答えましょう。

A（　　　　　　山脈）

B（　　　　　　川）

(2) 日本から外国へ移住した日本人やその子孫を何といいますか。

（　　　　　　　　　）

(3) ブラジルの公用語として用いられているヨーロッパ系の言語は何ですか。

（　　　　　　　　　）

19 南アメリカ州②

南アメリカ州は，熱帯雨林が広がったり，山脈があったりしとるから農業がさかんそうやな。

そうだな，ブラジルとアルゼンチンで特にさかんだな。ブラジルは，まさに熱帯雨林を利用して**焼畑農業**を行っている。

 POINT

焼畑農業
森林を焼きはらい，その灰を肥料として作物を育てる農業。

焼畑ってことは，森を焼いちゃうってこと!?

そうだ。森林があった場所にとうもろこしやさとうきび，コーヒー豆を植えて育てるんだ。**ブラジルはさとうきびとコーヒー豆の生産量が世界1位だ**（2018年）。

すげ～！　カフェオレめっちゃ飲めそうだな～。

アルゼンチンには，**パンパ**とよばれる草原が広がっていて，ここで**小麦の栽培や放牧がさかんに**行われているよ。

それに，自然豊かな南アメリカ州では鉱産資源も豊富だ。**ブラジルでは鉄鉱石，チリやペルーでは銅**が多くとれるんだ。

南アメリカ州すごいな。自然を活かしてくらしとんやな。

そうだな。ブラジルなんかでは，近年経済成長が続いてるから，工業も発展しているぞ。ブラジルは，**バイオエタノール**を利用した自動車大国だしな。

バイオエタノール？

あ！　聞いたことある！　**さとうきびやとうもろこしからつくった燃料**のことだよね。

そうだ。植物を原料としているため，環境にやさしいといわれているんだ。

へ～！　めっちゃええやん！　日本でももっとつこたらええのに！

バイオエタノールをつくるのに大量のさとうきびやとうもろこしが必要になるから，自給率の低い日本では結局輸入しないといけないの。それに，**ブラジルでもさとうきびの畑を広げるために森林を伐採しているから，環境破壊が問題視されている**んだよ。

ええとこもあれば，悪いとこもあるっちゅーわけやな！

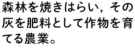

✓ **アマゾン川流域**では，**焼畑農業**が行われている。
✓ **アルゼンチン**に広がる**パンパ**では，**小麦の栽培や放牧**がさかん。
✓ **ブラジル**では，**バイオエタノール**の生産がさかん。

 そうだね。ブラジルでは，**持続可能な開発**をめざして，環境を守る取り組みも行われているそうだよ。

 POINT
持続可能な開発
次の世代にも資源や環境をのこせるように開発と環境保全を両立させようとする考え。

 とはいえ，ブラジルもふくめ，南アメリカ州の多くの国が発展途上国であることもたしかだ。上下水道や住宅地の整備が，人口の増加に追い付いていない地域もある。

 そういった地域を**スラム**っていうんだったな！ アフリカ州で習ったぜ！

 おお！ 知識が着実に身についているな。大都市では，人口の3割ほどがスラムに住み，都市問題となっているところもあるんだ。

 開発も進めなあかんし，環境も守らなあかんしで，たいへんやな。

 何かできることがあればいいな。

 現地に行って支援したり，ボランティアに参加したりすることだってできるさ。まあ，テストが終わったら，じっくり考えてくれ。

練 習 問 題

▶解答は P.146

1 次の問題に答えましょう。

(1) ブラジルなどで行われている，森林を焼きはらい，できた灰を肥料とする農業を何といいますか。

（　　　　　　　　　）

(2) ブラジルで，生産量が世界一位である農作物（2018年）を，次から2つ選び，記号で答えましょう。

ア コーヒー豆　　　**イ** 小麦

ウ さとうきび　　　**エ** 大豆 　　　（　　　）（　　　）

(3) 小麦の栽培や放牧が行われている，アルゼンチンの草原を何といいますか。

（　　　　　　　　　）

(4) さとうきびやとうもろこしを使った燃料を何といいますか。 （　　　　　　　　　）

オセアニア州①

 や～～～～～～っと最後の州だな！

 いろいろな州を見てきて，世界一周しているみたいだね～。

 あと少しやな！　がんばるで！

 その意気だ！　最後の州はオセアニア州だ。

 なじみのある国も多いんじゃない？

 （え？　そうなん？）

 （オーストラリアとニュージーランドぐらいしかわかんないぜ……）

 パラオやバヌアツなんか，夏休みにリゾートで行かないかな？

 行かへんわ!!
行かねーよ!!

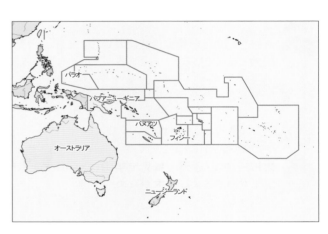

 ま，まあ……リゾート地にもなっているように，オセアニア州はオーストラリア大陸と太平洋の多くの島国から成り立っている。

 島そのものが火山になっていたり，さんご礁が広がっていたり，観光地としても有名だよ。

 その中でも大きな国がオーストラリアとニュージーランドだ。オーストラリアには**アボリジニ**（アボリジニー），ニュージーランドには**マオリ**という先住民族がくらしていたんだが，18世紀以降にイギリスの植民地となったんだ。

 先住民族はどうなったんや～～。

 つい最近まで迫害されてきたんだ。オーストラリアでは，**白豪主義（白豪政策）**といってアジアからの移民を制限する政策がとられていたぞ。

 すごく閉鎖的な国だったんだね……。

 そんな白豪主義も1970年代に廃止されてから，いろんな人がくらすようになったの。

♡ **オーストラリアにはアボリジニ（アボリジニー）という先住民族がいる。**

♡ **オーストラリアは，多様な民族が共存し，たがいの文化を尊重し合う多文化社会を築こうとしている。**

 現在のオーストラリアでは，多くの文化や言語が共存する**多文化社会を築こうとしているんだ。**

 おお！　よかったやんか！

 オーストラリアって，今はもうイギリスの植民地じゃないんだよね？

 POINT

多文化社会
他の民族・人種の文化を認め，尊重し合う社会のこと。

 そうだな。だが，貿易では**1960年ごろまではイギリスが最大の貿易相手国**だったし，オーストラリアやニュージーランドの国旗には，イギリスの国旗ユニオンジャックがえがかれている。女王もエリザベス2世だ。

 ほんとだ！　気がつかなかった！

 現在は，距離が近いこともあり，**アジアとの結びつきを強めている**からオーストラリアの最大の貿易相手国は**中国**になってるよ。日本からの観光客も多いよ〜。

↓ **オーストラリアの国旗**　　↓ **ニュージーランドの国旗**

 日本とはちょうど季節が逆やもんな。ウチも夏のサンタクロースに会ってみたいわ。

練 習 問 題

▶解答は P.146

1 次の問題に答えましょう。

(1)　オーストラリアの先住民族を何といいますか。　　　　　　　　（　　　　　　　　）

(2)　かつてオーストラリアやニュージーランドを植民地として支配した国はどこですか。

（　　　　　　　　）

(3)　オーストラリアで1970年代まで行われていた，アジアからの移民を制限する主義（政策）を何といいますか。

（　　　　　　　　）

(4)　他の民族・人種の文化を認め，尊重し合う社会を何といいますか。

（　　　　　　　　）

 オーストラリアの産業について見ていこう。オーストラリアは内陸部と沿岸部とで農業や人口密度が異なってるんだ。

 そりゃ，海に近い方がテンションあがるもんな！　いつでも泳げるし！

 それもあるかもしれないが，実は降水量が内陸部と沿岸部では大きくちがうんだ。

オーストラリアの降水量

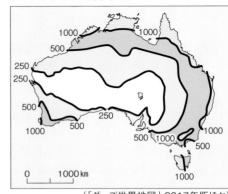

（「グーズ世界地図」2017年版ほか）

 内陸部ほぼ雨降らへんやん！

 オーストラリアの内陸部は乾燥帯。実は国土の約3分の2に草原や砂漠が広がっていて，「乾燥大陸」とよばれているのよ。

 快適なリゾート地じゃなかったの!?

 だから，**人口も降水量の多い沿岸部に集中している。** 降水量の多い地域では小麦の栽培，牧草が育つ地域では羊や牛の放牧が行われているぞ。

 オーストラリアって，羊やコアラがぎょーさんいそうやしなあ。

 羊ならニュージーランドでも放牧がさかんよ。ニュージーランドでは，人口よりも羊の数の方が多いくらい。羊肉や羊毛は，貴重な輸出品になっているのよ。

 小さな島国なのに羊ばっかりいるのか！　どんだけモフモフしてるんだよ！

 行ってみたい……。

 降水量がほとんどない地域は何をしてるの？

 植物が育たないから農業を行っていないんだ。

 そんな地域もあるんだ……。

 草や水がなくても生きられる動物がいればいいのにな！

 それはもはや宇宙生物みたいなもんか？
オーストラリアは鉱産資源が豊富だから，おさえておこう。

| 最重要まとめ |

♢ **オーストラリアの内陸部は降水量が少ない。**
♢ **オーストラリアの人口は沿岸部に集中している。**
♢ **オーストラリアの東部では石炭,西部では鉄鉱石がとれる。**

 石炭は東の方,鉄鉱石は西の方に多いんだね。

 日本で輸入される石炭や鉄鉱石の半分以上は,オーストラリアからのものだ。

 露天掘りっていう,地表を直接けずる採掘方法も見られるよ。

 露天風呂みたいな言葉だな。

 「露天」には,屋外という意味があるから,似てるっちゃあ似てるな。トンネル内で掘るんじゃなくて,屋外から掘っていくからな。

 世界の農業や工業って日本と全然ちゃうねんな!知らんかったわ。

 人がいて,歴史があって文化があるのはどこの国も変わらないぞ。さて,次のテーマからは日本にもどろう。

オーストラリアの鉱産資源

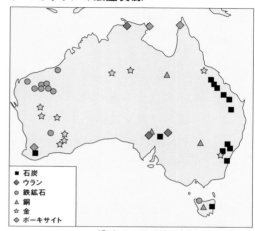

■ 石炭
◆ ウラン
● 鉄鉱石
▲ 銅
☆ 金
◇ ボーキサイト

(「ディルケ世界地図」2015年版ほか)

練 習 問 題

▶解答は P.146

1 次の問題に答えましょう。

(1) オーストラリアの人口が集中しているのは,沿岸部と内陸部のどちらですか。

(　　　　　　　)

(2) 次のうち,ニュージーランドで,人口よりも多く放牧されている家畜はどれですか。

〔　リャマ　鶏　豚　羊　〕　　　　(　　　　　　　)

(3) 次のうち,オーストラリアの西部で多く産出され,日本へも多く輸出されている鉱産資源はどれですか。

〔　石油　鉄鉱石　天然ガス　石炭　〕　　　　(　　　　　　　)

(4) オーストラリアで行われている,地表を直接けずる採掘方法を何といいますか。

(　　　　　　　)

▶解答は P.147

📖 勉強した日	月	日	得点

まとめのテスト

/100点

1 右の地図を見て, 次の問いに答えましょう。　　5点×4(20点)

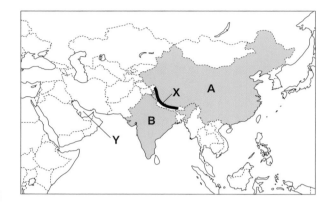

(1) 地図中の**X**の山脈を何といいますか。

（　　　　　　　　　）山脈

(2) 地図中の**A**の国には, 外国企業の設備や技術を受け入れるために設けられた地域があります。このような地域を何といいますか。

（　　　　　　　　　）

(3) 地図中の**B**の国で, 多くの国民が信仰している宗教を, 次の**ア〜エ**から選びなさい。

ア 仏教　　**イ** キリスト教　　**ウ** ヒンドゥー教　　**エ** イスラム教

（　　　）

(4) 地図中の**Y**の湾の沿岸国で多く産出される鉱産資源を, 次の**ア〜エ**から選びなさい。

ア 石炭　　**イ** 石油　　**ウ** 鉄鉱石　　**エ** 銅

（　　　）

2 次の問いに答えましょう。　　6点×5(30点)

(1) 右の地図中の**X**で見られる, 氷河によってつくられた複雑な地形を何といいますか。

（　　　　　　　　　）

(2) 右の地図中の**Y**の山脈を何といいますか。

（　　　　　　　　　）山脈

(3) ヨーロッパで行われている地中海式農業で栽培される作物を, 次の**ア〜エ**から2つ選びなさい。

ア 小麦　　　　**イ** とうもろこし

ウ オリーブ　　**エ** 米

（　　　）（　　　）

(4) ヨーロッパの多くの国々が加盟しているヨーロッパ連合(EU)の共通通貨を何といいますか。

（　　　　　　　　　）

3 次の問いに答えましょう。

(1) 右の地図中の**X**の川，**Y**の砂漠をそれぞれ
何といいますか。

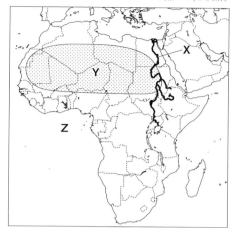

X（　　　　　　　　）川

Y（　　　　　　　　）砂漠

(2) 右の地図中の**Z**の湾の沿岸国で生産がさ
かんな農産物を，次の**ア**〜**エ**から選びなさい。

ア バナナ　　**イ** コーヒー豆

ウ カカオ豆　　**エ** 茶

（　　　　）

(3) アフリカ州で豊富にとれる，コバルトやマンガ
ンなどの，量が少なかったり，とるのが難しかった
りする金属を何といいますか。

（　　　　　　　　　　　　）

4 右の地図を見て，次の問いに答えましょう。

(1) 地図中の**X**の山脈，**Y**の川をそれぞれ
何といいますか。

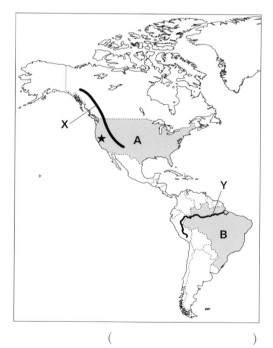

X（　　　　　　　　）山脈

Y（　　　　　　　　）川

(2) 地図中の**A**の国にやって来る，スペイ
ン語を話す中南米からの移民を何とい
いますか。

（　　　　　　　　　　）

(3) 地図中の★で示した都市について述
べた次の文中の □ にあてはまる語句
を書きなさい。

> この都市の近郊には，ICT（情報通
> 信技術）産業の会社や研究所が集中
> し， □ とよばれる地域がある。

（　　　　　　　　　　）

(4) 地図中の**B**の国で生産がさかんな，さとうきびなどの植物を原料としてつくられる燃料を何
といいますか。
（　　　　　　　　　　）

04

地域調査と日本の地域的特色

Theme | 22 >>> 30

あつい〜〜〜〜〜！！！

Very

hot!!

なんでこんなに
暑いんやろ…
こんなん勉強
やる気なくすわ〜

クーラー
はよつけてーなー

山に
行こうぜ！！！

なんだ洸,
おもむろに

それに
なんだよ
そのガッチガチの
登山スタイル…

暑苦しいねん
はよ帰り

この前教えて
くれたじゃん！
標高が高いところは
気温が低いって

このあたりは
赤道直下だけど
暑くないのよ

だからみんなで
山に行けば
すずしいと思う！

じゃぁ…

山に行けば
よいという
考えは短絡的
だがな

子の成長を
みる親の
気持ち…

なるほど
なく！！

ほろり

でも,山って
どこの山に
のぼればいいのかな?
学校の裏の山
とかでもいいの?

そもそも日本は
環太平洋造山帯に
位置する島国

国土の4分の3は
山地になっている

4分の3!?
どこに行っても
ほとんど山じゃん

その他

山地・丘陵

だが
同じような山でも
場所によって気候が
ちがう

気候って…
日本って温帯に
属してるんじゃ
なかったっけ?

確かに温帯の地域が多いけど,
山地や海流の影響で,
地域によって気候が
異なるの

あつい山　さむい山

「世界の人々の
生活と環境」で
学んだなぁ…

怪獣?

GYAOOOO

海流よ

日本のまわりの海の流れ
のことよ

北からは
冷たい海流が流れてくる

その通りだ。
日本は南北に
細長いからな

知っての通り
北海道と沖縄では
気候が全くちがう

沖合を暖かい
海流が流れてると
気候も暖かくなって,
冷たい海流が流れてると
寒くなるってこと?

南からは
暖かい
海流が流れて
くる

なるほど!
日本の中でも
世界の国々みたいに
ちがいがあるってこと
なんだね!

こういう感じで,この章ではいろいろな観点から日本の特色を見ていくよ

内容がコロコロ変わってもビックリしないでね!

気候

地形

人口

交通

資源

産業

はーーい!

北海道にも行かれへんし,すずしくもならへんし

もうやってられへんわ〜

安心しろ六花!山がダメなら…

海に行こうぜ!

オレ,ここまでに学んだぜ…

日本は海に囲まれた島国(海洋国)だって…

学んだ知識をすぐに使いたいタイプの人間か…

ふつうにクーラーつけたらいいんじゃないかしら

洸! さすがや!

地域調査の手法

 この章から日本の地理について勉強していくが，まずは身のまわりの地域から考えていこう。

 身のまわりって，体育で体操の隊形に開けーくらいかいな？　ヤーっていうやつ。

 六花，ヤーっていうの関西人だけらしいよ。

 いや，もっと広がってくれ。せめて住んでいる市とか区ぐらいには。

 池端くんが前に世界の諸地域や国について調べたじゃない。あれの日本版って感じかな。

 ようは，身のまわりの地域の環境や産業を調べようってことだな！

 そうだ。テーマを決めて，調査計画を立てて，まとめて発表するという流れは前と同じだ。
身近な地域を調べるテーマとしては，次のものが考えられるな。

◆身近な地域のおもな調査テーマ

自然環境	地形や気候の特色，自然災害や防災対策の取り組みなど
人　口	人口の増減や分布の特色，過密や過疎によって生じる問題など
産　業	農業，水産業，林業，工業，商業，観光業などの特色など
他地域との結びつき	人やものの輸送，鉄道やバスなどの交通網の広がりの特色など

 そうね，たとえば…。六花，身近な地域の防災対策の取り組みをテーマとしたとき，どのようなことを調べればいいかな。

 せやな。最近自然災害が多いし，**「災害が起きた時にどこに避難すればよいか」**とかかな。

 「災害が起きやすい場所はどこか」も気になるね。

 俺は**「災害が起きたときに自分たちにできること」**も知っておきたいな。

 なんや，かっこええやん。

 へへっ。子どものときから戦隊ヒーローにあこがれてるからな！
調べるには，地図帳を見たり，図書館で本を調べたりするといいんだったな。

 困ったときは，インターネットで調べるのも便利だね。

♡ **身近な地域**を調べるには，**野外観察**や**聞き取り調査**などがある。
♡ **ハザードマップ**では，災害時に予測される被害状況や避難場所などをまとめている。
♡ **地域の特徴**を調べ，その地域の課題について考える。

 身近な地域のことだからな。インターネットよりは，地域の図書館や市役所に行った方が早いこともあるぞ。まぁ最近は，防災の情報をホームページに載せている自治体も多いが。

 ハザードマップをつくっている自治体も多いよ。

 POINT

ハザードマップ
災害時に予測される被害状況や避難場所などをまとめた地図。各自治体でつくられている。防災マップともいう。

 そういえば最近，うちの近所に**津波避難タワー**って建物ができとったわ。津波が起きたときに，高いところに逃げるんやって。

 うちの学校も地域の避難所になってるよね。校門のところに看板が立ってたよ。

 身近な地域ならば，直接目にする機会も多いだろう。実際に行って調べる**野外観察（フィールドワーク）**ができることも身近な地域を調査するときの利点だな。

 「災害が起きた時にどこに避難すればよいか」「災害が起きやすい場所はどこか」は，自治体のホームページ，ハザードマップを調べればいいね。
「災害が起きたときに自分たちにできること」は…。

 近所に自主防災組織に入っているおっちゃんがいるから聞いてみるぜ！

 聞き取り調査だね！実際に関係する人の話を聞くのはすごくいいと思う。

 他にも地形図や空中からとった写真を比較して，移り変わりや他の地域とのちがいを調べるなんていうのもあるな。

 地形図か～。うちちょっと苦手やねんな～。線がいっぱいでようわからん。

 そういう六花には，次の単元のお楽しみだな。

 なんか，1つのテーマを調べるのに，いろいろなことができるんだね。

 そうだな。調べ方に決まりはない。**地域の特徴を調べ，その地域の課題について考える**のが，この単元での勉強だ。

 世界でも学んだけど，地域によって特徴が全然ちがうからね。
日本では特に，地域のちがいや独自の特色を意識して勉強していくといいよ！

23 地形図の使い方

 地形図って線ばっかで，どこ見たらええかわからんねんな〜。そもそも地形図ってなんやねん。

 地形図は，**土地の高低や使われ方を示した地図**のことだ。おさえるべきはこの3つ。(ドドン！)

> 一，縮尺を確認すべし
> 二，等高線を見分けるべし
> 三，地図記号をおぼえるべし

 最初は縮尺だな。そもそも地図や地形図は，実際の土地を小さく表したものだ。実際より**どれくらい小さくしたかという割合**が縮尺だ。

 地形図の縮尺には，2万5千分の1や，5万分の1のものなどがあるの。縮尺がわかると，実際の距離を計算することができるよ。

 そういう問題，テストで見たことあるなぁ……。

 たとえば，2万5千分の1の地形図上で道の長さが4cmだったとする。実際の道を2万5千分の1にして4cmにしたならば，**2万5千倍**すれば，もとの大きさにもどるわけだ！

 4（cm）×25000で，100000ってことか？

 そうだ。ただし，単位に注意だ。4cmで計算しているから，100000cmになる。mになおすと……？

 1000m……つまり1kmっちゅーことやな！

 なんか解けるようになった気がする！

 次に等高線だ。等高線とは，**海面からの高さが同じところを結んだ線**のことだ。2万5千分の1の地形図ならば10mごとに「主曲線」という細い線，50mごとに「計曲線」という太い線が引かれているぞ。

 5万分の1の地形図なら，主曲線は20mごと，計曲線は100mごとに引かれているよ。計曲線は，等高線を読み取る基準にもなるよ。

 等高線の間隔がせまい，いっぱい集まっているということは，標高がそれだけ変わっているということだ。

- ☑ 地形図は土地の高低や使われ方を示した地図のこと。
- ☑ 実際の距離を求めるには，地形図上の長さ×縮尺の分母で計算。
- ☑ 等高線の間隔が広いほど傾斜がゆるやかで，間隔がせまいほど傾斜が急である。

 つまり，坂道とか山になっとるっちゅうことか？

 そうだ。土地の傾きのことは傾斜っていうぞ。逆に等高線の間隔が広いと標高が変わらないから……？

 傾斜がゆるやかってことなんだね。

 そういうことだ。ここまでは大丈夫だな。では三の地図記号。この表をまるごとおぼえといてくれ。

 え!?　雑ない!?　怒られんで!!

 特に解説することはないし，地図記号は小学校でも勉強済みだしな。中学ではおぼえる記号がちょっと増えてるから，まあがんばってくれ。

 鬼だ……。

主な地図記号

土地利用		建物・施設			
⫼	田	◎	市役所 東京都の区役所	⊞	病院
⌄⌄	畑	○	町・村役場 (指定都市の区役所)	Ħ	神社
◌	果樹園	⑪	老人ホーム	卍	寺院
∴	茶畑	血	博物館・美術館	⊡	図書館
♧	広葉樹林	⊗	警察署	△	三角点
⋀	針葉樹林	Ｙ	消防署	⊡	水準点
⧸⧸	荒地	⊖	郵便局	✿	発電所・変電所
		☼	工場	文	小・中学校
				⊗	高等学校

練習問題

▶解答は P.148

1 右の2万5千分の1の地形図を見て答えましょう。

(1) 地形図上の**A**−**B**の長さは2cmです。実際の距離は何mですか。
（　　　　　　　　　m）

(2) 地形図上の**C**と**D**のうち，傾斜が急なのはどちらですか。
（　　　　　　）

(3) 次の地図記号は何を表していますか。
① 📖（　　　　　　）
② ◌（　　　　　　）

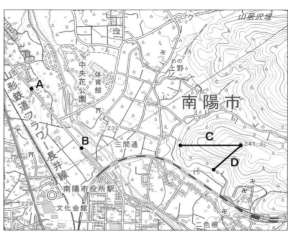

（国土地理院発行2万5千分の1地形図「赤湯」）

勉強した日　　　月　　　日

地形から見た日本の特色

 次は日本の地形の特色についてみていこう。右の地図の解説は不要だな。

 アルプス山脈はチーズがうまいんだよな！

 ん？　造山帯って何なん？

 高く険しい山脈が連なる地域のことだ。世界には，アルプス・ヒマラヤ造山帯と環太平洋造山帯の大きく2つが存在するぞ。

世界の造山帯と主な山脈

 …って，日本，環太平洋造山帯に入っとるやん！！

 そうなんだ。だから日本の山地・山脈は高くて険しいものが多いし，地震や火山活動も活発なんだ。

 だから日本って自然災害が多いんだね。

 POINT

造山帯
活発な地震や火山活動が高く険しい山脈をつくる地域のこと。変動帯ともいう。

 こっちが日本の主な山地・山脈を示した地図だよ。日本各地に山地や山脈があることがわかるね。

 ほんまや。日本，山ばっかやんか！

 4分の3が山地や丘陵地（きゅうりょうち）だもんな～。

 特に中部地方には，**日本アルプス**といって，標高3000m前後の山脈が連なっている。

 アルプス！？　日本にもハ●ジがいるのか！？

 ハ●ジはたぶんいないけど，気温が低いからアルプス山脈と同じように酪農はさかんだよ。

 この黄色うなってる，**フォッサマグナ**ってなんなん？

 日本の地形を東西に分断する地溝帯（ちこうたい）……活断層の集まりって感じかな。フォッサマグナより東は南北に連なる険しい山脈が多いが，フォッサマグナより西は東西に連なる比較的ゆるやかな山脈が多いぞ。

日本の主な山地・山脈

┃ 最重要まとめ ┃

♡ **日本は環太平洋造山帯にふくまれている。**
♡ **飛騨山脈，木曽山脈，赤石山脈はあわせて日本アルプスとよばれる。**
♡ **日本の川は，河口からの距離が短く，流れが急。**

 関東はとがってるけど，関西はおだやかってことやな！　ようわかったで！

 ちがうニュアンスに聞こえなくもないが，おぼえられるなら，よしとしよう。まあ，そんなだから，河川も特徴があるんだ。

 川遊びなら，昔も今もよくやるぜ！！

 右は世界の川と日本の川の長さと標高を示したものだ。

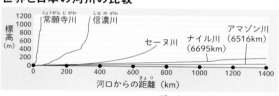

世界と日本の河川の比較

（「日本の川〈日本の自然3〉」ほか）

 日本の川って左によっとんな～。**河口からの距離が短い**ってことやな。

 高いところから低いところまでが短いってことは，それだけ**流れが急**になるの。

 つまりは，この線みたいなすべり台があるってことだな！　絶叫タイプの日本の河川に，のんびりタイプの世界の河川！

 お前ら，もっと他にたとえ方ないのか……？

練　習　問　題

▶解答は P.148

1 次の問題に答えましょう。

(1)　世界の大きな造山帯のうち，日本列島がふくまれる造山帯を何といいますか。

（　　　　　　　　　　）

(2)　中部地方に連なる，標高3000m前後の飛騨山脈，木曽山脈，赤石山脈をまとめて何といいますか。

（　　　　　　　　　　）

(3)　新潟県から静岡県に走っている，日本の地形を東西に分断する地溝帯を何といいますか。

（　　　　　　　　　　）

(4)　日本と世界の河川について，次の文の（　　　）にあてはまる語句を書きましょう。

　●日本の河川は，世界の河川と比べて距離が（　　　　　　），流れが（　　　　　　）です。

085

Chapter 01　　　Chapter 02　　　Chapter 03　　　**Chapter 04**　　　Chapter 05

世界と日本の気候，災害

 あれ？　日本って大部分が温帯に属しているんだよね。世界地理のところで勉強したじゃん。

 同じ温帯の中でも，地域によってちがいがある。次の通りだ！

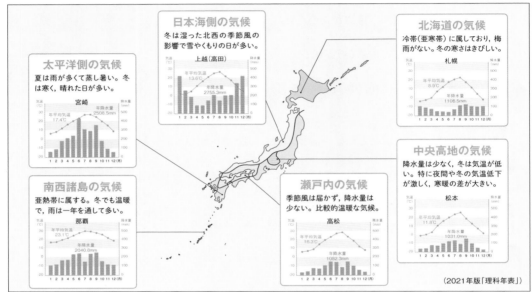

日本海側の気候
冬は湿った北西の季節風の影響で雪やくもりの日が多い。

上越（高田）
年平均気温 13.6℃
年降水量 2755.3mm

北海道の気候
冷帯（亜寒帯）に属しており，梅雨がない。冬の寒さはきびしい。

札幌
年平均気温 8.9℃
年降水量 1106.5mm

太平洋側の気候
夏は雨が多くて蒸し暑い。冬は寒く，晴れた日が多い。

宮崎
年平均気温 17.4℃
年降水量 2508.5mm

中央高地の気候
降水量は少なく，冬は気温が低い。特に夜間や冬の気温低下が激しく，寒暖の差が大きい。

松本
年平均気温 11.8℃
年降水量 1031.0mm

南西諸島の気候
亜熱帯に属する。冬でも温暖で，雨は一年を通して多い。

那覇
年平均気温 23.1℃
年降水量 2040.8mm

瀬戸内の気候
季節風は届かず，降水量は少ない。比較的温暖な気候。

高松
年平均気温 16.3℃
年降水量 1082.3mm

（2021年版「理科年表」）

 同じ国でこんなにちゃうの?!

 しかも同じ地方でも，気候が日本海側と太平洋側でちがうところが多いんだね。

 それは季節風が影響するの。さっき，日本の山脈の位置については勉強したよね。**季節風が山地にぶつかることで，その地域に雨や雪をもたらす**の。こんなふうに。

 POINT

季節風
季節によって吹く向きが変わる風。冬は北西から，夏は南東から吹く。

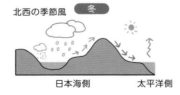

北西の季節風　冬
日本海側　太平洋側

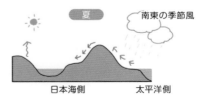

夏　南東の季節風
日本海側　太平洋側

 そっか！　だから**日本海側の気候では冬に，太平洋側の気候では夏に降水量が多い**んだな！

 そういうことだ！　さらに，山地に囲まれた中央高地の気候や瀬戸内の気候では……？

 降水量が少ないって書いてある!!

正解だ！ ついでに南西諸島の気候は亜熱帯，北海道の気候は冷帯に属しているぞ。

 最近は，集中豪雨の被害も多いけど，これも季節風のせいなん？

 そうね。造山帯に属する日本は，もともと地震や火山活動が多いんだけど，夏から秋に台風が来たり，6～7月に梅雨があったりと，災害が多い国なのよ。

 たしかに。あっちこっちで地震が起きてるよな。

 台風で土石流や洪水の被害も起きてるよね。

 災害が起きやすい国なので，各自治体でハザードマップをつくって，災害に備えているぞ。前にもやったな。

 ぼくたちも学校でよく避難訓練するよね。

 「おかし」がうまいんだよな！

 お前…「おかし」の意味，わかってるか？

 POINT

おかし
避難するときに重要な合言葉。「おさない」「かけない」「しゃべらない」の頭文字をとったもの。最近は「もどらない」を加えて「おかしも」ともいう。

練 習 問 題

▶解答は P.148

1 次の問題に答えましょう。

(1) 日本の気候に影響をあたえる，季節によって吹く向きが変わる風を何といいますか。

（　　　　　　　　　　）

(2) 次の雨温図が示す気候区分をそれぞれ書きましょう。

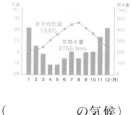

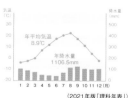

(2021年版「理科年表」)

（　　　　　の気候）　　　（　　　　　の気候）　　　（　　　　　の気候）

(3) 災害が起きたときの被害状況を予測してつくられた地図を，何といいますか。

（　　　　　　　　　　）

世界と日本の人口

 「世界の地域区分と特色」の復習だが，人口が最も多い州はどこかわかるか？

 はいはいは～い!!　中国です!!

 待て待て待て!!　国ではなく州を聞いているだろう！　答えは アジア 州だ！

 ちっ！　ひっかけだったか！

 あほか。ひっかけでもなんでもあらへんわ。

 世界の人口は，2019年現在でおよそ77億人。その半分以上がアジア州に住んでいるのよ。

 アジア，人めっちゃ多いやん！！

地域別面積と人口

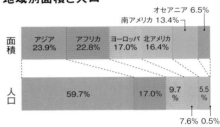

オセアニア 6.5%
南アメリカ 13.4%

| 面積 | アジア 23.9% | アフリカ 22.8% | ヨーロッパ 17.0% | 北アメリカ 16.4% | | |

| 人口 | 59.7% | | 17.0% | 9.7% | 5.5% | |

7.6%　0.5%

（2019年）（2020年版「データブック　オブ・ザ・ワールド」）

 面積は他の州と比べてそれほど大きいわけではないが，**人口密度**がめちゃめちゃ高い。

🛠 **POINT**

人口密度

人口がどれだけ密集しているかを示す数値。人口÷面積で求める。

 うわっ！　人がゴミのようだ～～～。

 日本の人口はおよそ１億2600万人。人口密度は約339人/km² ってとこだな。春，ジブ●映画の見すぎだ。

 １km²に340人近くもいるっちゅーことか。そりゃ，暑苦しいわ。

 人口は地域によってかたよりがある。日本は山地が多いから，もともと**平野や盆地に人が集まっている**し，**東京・大阪・名古屋の三大都市圏には特に集中している**。

🛠 **POINT**

三大都市圏

東京，大阪，名古屋の周辺には大都市圏が形成されている。

 もっと暑苦しいやんか！

 逆に，山地や地方なんかは人口が減少し，**過疎化**が進んでいるよ。人口が減って交通機関や公共施設が少なくなり，のこされた人々の生活が不便になるなどの問題もあるのよ。

🛠 **POINT**

少子高齢化

65歳以上の人口の割合が増える高齢化と，子どもの人口の割合が減る少子化がともに進行している状態のこと。

 ええ!?　そうなのか……。

 日本の人口に関わる問題は過疎化だけじゃない。みんなも知っていると思うが，**少子高齢化**が進行していることも問題だ！

♡ 日本の人口は，三大都市圏に集中している。
♡ 山地や地方では人口が減少し，過疎化が進んでいる。
♡ 日本では少子高齢化が進んでいる。

 それなら知っとるで！　おじいさんおばあさんが増えて，子どもが減るっちゅーことやな。

 年齢別，男女別に人口をグラフにしたものを，人口ピラミッドというのだけれど，80年前と比べて，大きく変化したよ。

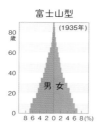
富士山型

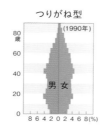
つりがね型

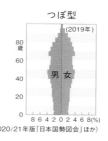
つぼ型

(2020/21年版「日本国勢図会」ほか)

 少子高齢化が進むにつれ，富士山型からつりがね型，つぼ型へと変化するぞ。

 15 ～ 64歳の日本を支える働く世代が少なくなるのが，問題になっているわ。

ほんとだ。ビッグな富士山から細長いつぼに……。

ヘンテコなたとえだけど，問題の深刻さがわかるね。

練 習 問 題

▶解答は P.148

1 次の問題に答えましょう。

（1）次の人口ピラミッドの形をそれぞれ答えましょう。

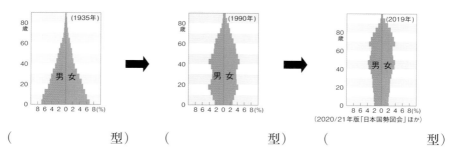

(2020/21年版「日本国勢図会」ほか)

（　　　　　　　　型）　（　　　　　　　　　型）　（　　　　　　　　型）

（2）65歳以上の人口の割合が増え，子どもの人口の割合が減る状態を何といいますか。

（　　　　　　　　　　　　　　）

世界と日本の資源・エネルギー

 お前たち，石油や石炭が豊富な国はどこか，おぼえているか？

 石油は，サウジアラビアとかアラブ首長国連邦とか，**ペルシャ湾岸**で多かったよね。

 石炭や鉄鉱石はオーストラリアとかでとれるんやったな。

 露天風呂……じゃなくて露天掘りだな！

 そうだ。世界的に見て，資源の分布にはかたよりがある。日本なんかは，**資源に乏しい国だからほとんどを外国からの輸入にたよっている**んだ。

主な鉱産資源の輸入先

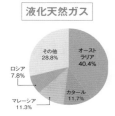

（2019年）　　　　　　　　　　　　　　　　　　　　　　　　　（2020/21年版「日本国勢図会」）

 こんな輸入して何につこてんねやろ。

 あら，石油も石炭も私たちの生活になくてはならない重要な資源よ。最も身近な使われ方としては発電ね。

 電気をつくるってことか！？

 そうだ。日本の発電の中心となっているのが，石油や石炭を燃料とする**火力発電**だ。発電量の8割を超えている。

日本の発電量の内訳

（2018年度）　　　（2020/21年版「日本国勢図会」）

 8割て！！　石油や石炭が輸入できんようになったら電気使われへんやん！

 昔は，**原子力発電**も伸びていたんだけど，2011年に発生した東日本大震災での発電所の事故をきっかけに，あり方が見直されているわ。

 もうちょっと安心して使える発電方法はないの？

 そうだな。近年は，**再生可能エネルギー**による発電が注目されているぞ。

| 最重要まとめ |

- ✓ 日本は鉱産資源のほとんどを輸入にたよっている。
- ✓ 日本の発電量は火力発電が中心。
- ✓ 近年は自然のエネルギーを利用した, 再生可能エネルギーが注目されている。

 再生可能って？　何度でも使えるってこと？

 自然のエネルギーを利用した発電方法だ。風力や太陽光, 地熱発電なんかだな。もちろん水力もだけどな。

POINT

地熱発電
火山の熱やエネルギーを利用した発電方法。九州・東北地方に多い。

 ソーラーパネルとかを使った発電だな！　うちの家の屋根にもついてるぜ！

 自然のエネルギーを利用している分, 火力発電とちがって**二酸化炭素を排出しないし, 地球環境にやさしい発電**なの。

 一方で, ソーラーパネルやダムなどの**設備を整えるのにお金がかかる**のが難点だ。それに**天気によって発電量が安定しない**こともデメリットだな。

 やっぱり火力発電にたよるしかないのかな……。

 そもそも俺たちが電気を使う量を減らしていけば, 大量に発電する必要はないんだがな。

 オレ, 今日から**電気のない部屋で生活する!!!**

 みんなは使っていないときはコンセントを抜くとか, もっと簡単な方法でいいよ〜。

練 習 問 題

▶解答は P.149

1 次の問題に答えましょう。

(1) 右の**A・B**は, ある鉱産資源の日本の輸入先を示しています。**A・B**にあてはまる鉱産資源を答えましょう。

　　　　　A（　　　　　　　）

　　　　　B（　　　　　　　）

A
アメリカ 2.2%
ロシア 5.5%
クウェート 8.4%
カタール 8.7%
その他 9.7%
サウジアラビア 35.6%
アラブ首長国連邦 29.9%

B
アメリカ 8.5%
ロシア 9.9%
インドネシア 11.9%
その他 10.9%
オーストラリア 58.8%

（2019年）（2020/21年版「日本国勢図会」）

(2) 日本で最も発電量が多い発電方法は何ですか。

　　　　　　　（　　　　　　　　　発電）

(3) 風力や太陽光, 地熱など, 自然の力を利用したエネルギーを何といいますか。

　　　　　　　　　　　（　　　　　　　　　　）

28 日本の農林水産業

 「農林水産業」ってよく耳にするけど，どういう意味なんだろう。

 読んで字のごとし。「農業」「林業」「水産業」という自然から何かを得る産業のことだ。

 今回は農業や漁業の話ってことだな!!!　ワクワクすっぞ!

 まずは農業。日本の農業は，アメリカとか他の国とちがって1人あたりの農地面積がせまく，規模が小さいのが特徴よ。

 稲作が全国的に行われているな。

 白飯は日本の文化やからな!

アメリカと日本の農業の比較

	アメリカ	日本
農林水産業就業人口1人あたりの農地面積(2017年)	186ha	1.9ha
穀物の生産量(2018年)	46795万t	1070万t

（2020/21年版「世界国勢図会」）

 次に，野菜づくり。各地域の地理的条件や気候によってさまざまな野菜がつくられている。宮崎県や高知県などでは，暖かい気候を生かした促成栽培がさかんだ。

 POINT
促成栽培
農作物の生育を早めて，出荷時期をずらす栽培方法。

 逆に，長野県や群馬県ではレタスやキャベツの抑制栽培がさかんよ。出荷時期をずらして，**他の産地の出荷量が少ない時期に売ると高く売れる**のよ。

 POINT
抑制栽培
農作物の生育をおくらせて，出荷時期をずらす栽培方法。

 敵が休んでいる間に攻め込んでいく戦略だね。

 ほかにも，果樹栽培が台地や扇状地で行われていたり，九州地方で畜産がさかんだったりといろいろ言いたいことはあるが，各地方の学習のところで詳しく学ぼう。洸のためにも。

 これからも食い物の話が出てくるんだな!　楽しみにしてるぜ!!!

 日本の農業にもいろいろ課題があってね。林業や漁業にもいえることなんだけど。

 なんや!?　農家の人たち，大変なんか!?

 まずは，人手不足の深刻化だな。**農林水産業に従事する人の数が，どの分野でもすごく減っている**。しかも，昔から従事している人はどんどん年を重ねるから**高齢化も進んでいる**。

 後継者不足で，おじいさんおばあさんばかりになってるってこと!?

◇ 温暖な地域では時期を早めて生産・出荷する促成栽培が行われている。
◇ 農林水産業に従事する人の数が減り，高齢化が進んでいる。
◇ 食料自給率の低下が問題となっている。

まあ，国から補助金が出たりといろいろ対策は行われているが……。ほかにも，食料自給率の低下も問題視されている。

小麦とか大豆は，めっちゃ低いやん！　ほとんどを外国から輸入しとるっちゅーことやな。

そうだ。近年は果実や肉類の輸入も増え，自給率が大幅に下がってしまっている。今後は，TPP（環太平洋パートナーシップ）協定により，外国からの輸入品に関税がかからなくなるだろうから，より輸入品が増えることが心配されてるんだ。

外国産もうまいけど，日本の米や野菜もうまいよな。オレは日本に生まれたことに感謝しながら毎日メシを食ってるぞ！

めっちゃええ奴やん！　ただの食い意地はってる男やなかったんやな！

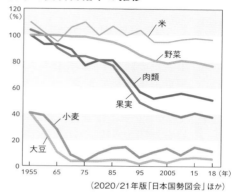
日本の食料自給率の推移
（2020/21年版「日本国勢図会」ほか）

練 習 問 題

▶解答は P.149

1 次の問題に答えましょう。

(1) 高知県や宮崎県でさかんな，冬でも温暖な気候を利用し，野菜などの生育を早めて出荷時期をずらす栽培方法を何といいますか。

（　　　　　　　　　　　）

(2) 長野県や群馬県でさかんな，夏でも冷涼な気候を利用し，野菜などの生育をおくらせて，出荷時期をずらす栽培方法を何といいますか。

（　　　　　　　　）

(3) 右のグラフは，日本の食料自給率の推移を示したものです。グラフ中のア〜エのうち，米と小麦にあてはまるものを1つずつ選びなさい。

米　（　　　　）

小麦（　　　　）

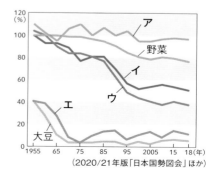
（2020/21年版「日本国勢図会」ほか）

日本の工業と商業・サービス業

 次は工業だな！　小学校のときは，自動車工場の見学とかでわくわくしたな～！！

 そんなに好きなものがあるなら，洸には地理は向いてるんじゃないか？

 小学校の勉強を少しだけ覚えているけど，**太平洋ベルト**で工業がさかんなんだよね。それから，**中京工業地帯**が１番！

 そうそう。日本は資源に乏しい国だから，原料を外国から輸入しないといけないの。**原料が船で運ばれてくるから，臨海部に工業地域が発達した**んだよ。

 海に近かったら，**船でできた製品を輸出する**のにも便利やな。

 近年は，高速道路が発展したから，トラックで内陸部までものを運べるようになったんだ。北関東（関東内陸）工業地域のような**内陸型の工業地域も発展している**ぞ。

 さすがは世界有数の工業国・日本だね。

日本の主な工業地帯・工業地域

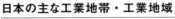

北陸
工業地域

阪神
工業地帯

北九州
工業地域（地帯）

北関東（関東内陸）
工業地域

太平洋ベルト

京葉工業地域

京浜工業地帯

瀬戸内
工業地域

中京
工業地帯

東海工業地域

 日本の工業が行われているのは国内だけじゃないよ。1980年代に入って，**貿易摩擦**をさけるためにアメリカやヨーロッパに工場がつくられるようになったの。近年は，**人件費の安いアジアに工場を移転する会社も増えている**ね。

 すっげー！！　日本の会社は，世界にも進出してるんだな！　オレも将来そんな会社の社長になりたいぜ！

 世界に工場が移転したせいで，国内の工場が減っているというデメリットもあるがな。国内の働く場所が減り，**産業の空洞化**とよばれる現象が起きている。

🔧 POINT

貿易摩擦
輸入品・輸出品を
めぐって生じる外国
とのトラブル。

 こんなに工業地域を覚えなあかんのに，減っとるっちゅーことか！　どういうこっちゃ！

 国内で増えているものといえば，**第三次産業**，主に商業のことだね。サービス業とか。

 第三次って？　第一次，第二次もあるの？

☑ 日本では太平洋ベルトという臨海型の工業地域が発展した。

☑ 近年は，内陸型の工業地域も発達している。

☑ 第三次産業の就業者数が圧倒的に増えている。

 前のThemeでやった農林水産業が**第一次産業**，工業とかものをつくる産業が**第二次産業**，商業・サービス業全般を**第三次産業**と思ったらいい。

 輸送業とか，病院とか，介護，観光業とかは第三次産業っちゅーわけやな。

 そうそう。情報通信技術が発達している今，動画配信とか，遠隔医療とか，新たなサービスも増えているでしょ。第一次産業，第二次産業に比べて，就業者数は圧倒的に増えているの。

 You●ubeでもお笑い配信とか増えたよね。

 それウチも深夜によく見てるわ～。

 深夜まで，勉強もせずにYou●ubeを見てるだと？おしおきが必要だな…。（ゴゴゴゴゴ）

 ヒィイイイィ!!　お許しを～～～～!!!

日本の産業3部門別就業者数の推移

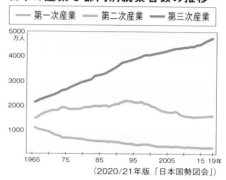

―― 第一次産業　―― 第二次産業　―― 第三次産業

（2020/21年版「日本国勢図会」）

練 習 問 題

▶解答は P.149

1 次の問題に答えましょう。

(1) 右の地図中の**A**にあてはまる臨海部に帯状に連なる工業地域をまとめて何といいますか。

（　　　　　　　　　　）

(2) 右の地図中の**B**の県などに広がる，日本で最も工業生産額が大きい工業地帯を何といいますか。

（　　　　　　　　工業地帯）

(3) 右の地図中の**C**の県などに広がる，高速道路の発達により発展している内陸型の工業地域を何といいますか。（　　　　　　　　工業地域）

(4) 第一次産業，第二次産業，第三次産業のうち，就業者数が最も増えている産業はどれですか。

（　　　　　　　　　　）

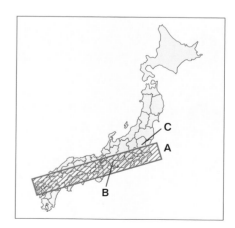

30 | 世界と日本の結びつき

 みんなもわかると思うが，昔に比べて，昨今の交通網は発達している！

 昔は新幹線も飛行機もなかったもんね。

 まあ，もっと昔は駕籠とか馬やったもんなぁ。

 そう。移動にかかる時間が短くなっているんだ。これは日本だけでなく，世界中にいえることだが，**交通機関の発達により，人や物の移動が活発になっている**ぞ。

 前の単元で，石油や製品を船で運ぶっていってたもんな！

 そうだね。石油とか自動車などの大きくて重いものは船での海上輸送で運ばれるね。逆に，人とか軽い荷物は飛行機などの航空輸送で運ばれるよ。

 成田国際空港とか，人めっちゃおるもんな！

 外国人観光客もすごく増えてたよね。新型コロナウイルスの影響で減っちゃったけど…。

> **工 POINT**
> 成田国際空港
> 貿易額・外国からの旅客数ともに日本一の空港。千葉県にある。

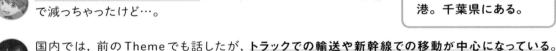 国内では，前のThemeでも話したが，**トラックでの輸送や新幹線での移動が中心になっている**。高速道路や新幹線の路線が発達したおかげだな。

 リニア中央新幹線も開業するらしいな！　楽しみだぜ！！

 活発になったのは，実は人や物の移動だけじゃないよ。

 そうだな。目には見えないものだが，俺たちの身の回りにめまぐるしく行きかっている。ほら，今もここに……。

 え!?　何？　幽霊!!　ウチ幽霊アカンねん！だれか霊媒師つれてきて！

新幹線路線図
（2020年12月）

霊媒師は必要ない。行きかっているのは幽霊ではなくて情報だ。

 光ファイバーケーブルとか，通信衛星が整備され，**情報通信が高速化しているよ。**情報通信技術の発展によって，**インターネット**も普及してるし。みんながネットで動画を見たり，SNSで友達とやりとりしたりできるのもこのおかげだよ。

 最近なんでもかんでもネットとかSNSやもんな〜。ありがたいでホンマ。

 そんなこんなで，交通網と情報通信網の発達によって，われわれの生活は非常に便利になったというわけだ。昔のすごい人に感謝するんだな。

 そうだね。すごい人にも，ここまでぼくたちの勉強をひっぱってくれた基と茉里にも感謝してるよ。

 お前ら……。（じ〜ん）

 そだなー。鬼会長はちょっと勘弁だけどな。

 怒ったときのもっくんの動画をUPしたら，炎上するんちゃうかなww　鬼がかっとるもんな！！

 お前ら……。

練 習 問 題

▶解答は P.149

1 次の（　　　）にあてはまる語句を答えましょう。

（1）（　　　　　輸送）は軽量な電気部品や生鮮品など，（　　　　　輸送）は自動車など重い機械類や石油・石炭など燃料の移動に利用されています。

（2）千葉県には，貿易額・外国からの旅客数がともに日本一である（　　　　　空港）があります。

（3）情報通信では，通信衛星や光ファイバーケーブルの整備により，（　　　　　）の利便性が高まり，パソコンや携帯電話が普及しました。

▶解答は P.150

勉強した日　　　　月　　　　日	得点

まとめのテスト

/100点

---

1 次の問いに答えましょう。　　　　　　　　　　　　5点×7（35点）

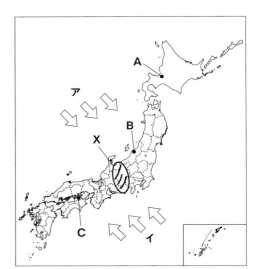

(1) 日本列島が属している造山帯を何といいますか。

（　　　　　　　　　　造山帯）

(2) 地図中の**X**は，3000m級の高い山々がそびえる地域です。この地域にある３つの山脈をあわせて何といいますか。

（　　　　　　　　　　）

(3) 地図中の⇨は季節風を示したものです。夏に吹く季節風の向きは，地図中の**ア**，**イ**のうちではどちらですか。　　　　（　　　　）

(4) 地図中の**A**〜**C**の都市の気候の特徴としてあてはまるものを，次の**ア**〜**エ**からそれぞれ選びなさい。

ア 比較的温暖で一年を通して降水量が少ない。

イ 冷帯に属し，冬の寒さがきびしい。

ウ 夏に比べて冬の降水量が多い。

エ 亜熱帯に属し，一年を通して降水量が多い。

A（　　　　）　**B**（　　　　）　**C**（　　　　）

(5) 多くの県や市町村でつくられている，地震や川のはんらんなどによる被害を予測した地図のことをカタカナで何といいますか。　　　　　　（　　　　　　　　　　　）

---

2 次の問いに答えましょう。　　　　　　　　　　　　5点×2（10点）

(1) 右の図は，日本の人口ピラミッドで，**A**〜**C**は，1935年，1990年，2019年のいずれかです。**A**〜**C**を年代順に並べかえなさい。

（　　　　→　　　　→　　　　）

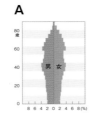
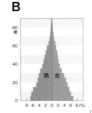
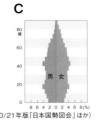

（2020/21年版「日本国勢図会」ほか）

(2) 日本の人口が１億3000万人，面積が38万 km^2 のとき，日本の人口密度は何人 / km^2 になりますか。小数第一位を四捨五入して書きなさい。　　　　　　（　　　　　　人 / km^2）

3 次の問いに答えましょう。　　　　　　　　　　　　　　5点×4（20点）

(1) 右のグラフは，石油，石炭，鉄鉱石，液化天然ガスの日本の輸入相手国を示したものです。石油と鉄鉱石のグラフを，**ア～エ**からそれぞれ選びなさい。

石油（　　　）　鉄鉱石（　　　）

(2) 九州地方に多く見られる，火山の熱やエネルギーを利用した発電方法を何といいますか。

（　　　　　　　　　　）

ア	オーストラリア 51.6%	ブラジル 28.2		7.7	その他 12.5

カナダ

イ	サウジアラビア 35.6%	アラブ首長国連邦 29.9		8.7	8.4	その他 17.4

カタール　　　　クウェート

ウ	オーストラリア 40.4%		11.7	11.3	7.8	その他 28.8

マレーシア　　　ロシア
カタール

エ	オーストラリア 58.8%		11.9	9.9	8.5	その他 10.9

インドネシア　　　ロシア
アメリカ

(2019年)　　　　　（2020/21年版「日本国勢図会」）

(3) 再生可能エネルギーによる発電にあてはまらないものを，次の**ア～エ**から選びなさい。

ア 水力発電　　**イ** 太陽光発電　　**ウ** 風力発電　　**エ** 火力発電

（　　　　）

4 次の問いに答えましょう。　　　　　　　　　　　　　　5点×7（35点）

(1) 地図中の**A・B**の県でさかんな，農作物の生育を早めて，出荷時期をずらす栽培方法を何といいますか。

（　　　　　　　　　　）

(2) 地図中の**C・D**の県で抑制栽培がさかんな農作物を，次の**ア～エ**から選びなさい。

ア みかん　　**イ** レタス
ウ きく　　　**エ** ピーマン

（　　　　）

(3) 関東地方から九州地方北部にかけてのびる，工業のさかんな地図中の**X**で示した地域をまとめて何といいますか。

（　　　　　　　　　　）

(4) 地図中の**Y・Z**の工業地帯名をそれぞれ答えましょう。

Y（　　　　　　　工業地帯）　　**Z**（　　　　　　　工業地帯）

(5) 第三次産業にあてはまるものを，次の**ア～エ**から選びなさい。

ア 林業　　**イ** 建設業　　**ウ** 輸送業　　**エ** 水産業　　（　　　）

(6) 航空輸送に適していないものを，次の**ア～エ**から選びなさい。

ア 生花　　**イ** 自動車　　**ウ** 貴金属　　**エ** 集積回路（IC）　　（　　　）

05

日本の諸地域

Theme | 31 >>> 46

こんかい
今回は…

にほんいっしゅう
日本一周に
おも
したいと思う！

この章のテーマが
にほん しょちいき
「日本の諸地域」
だから、

みんなの
きょうみ ひ
興味を引こうと
がんばったみたい

にほんいち
「日本一」と
にほんいっしゅう
「日本一周」を
かけてるわけ
だね

ダジャレしかいな
ツッコミ役が
ボケようとすなや

いいな！
にほんいっしゅう
日本一周！
わくわく
すっぜーーー！

ノった！！

はんのう
とりあえず反応しとこ…

にほんいっしゅう
に, 日本一周って
どういうことなん
もっくん…？

そう,
こんかい しょう
今回の章は
にほん しょちいき
「日本の諸地域」

ちり がくしゅう
地理の学習も
おおづ
いよいよ大詰めに
はい
入る

春,
日本に都道府県は
いくつある?

47都道府県
です!

じゃあ地方は
いくつだ?

地方は
えっと…
7つだったよね

えーっと…

そうだ

今回は,
日本の7つの地方を
1つずつ勉強していく
ことになる

③北海道地方まで
学んでいきます!

②いろいろ回って,

①九州地方から
始まり,

だから
日本一周やねんな

なるほどー

日本一周

日本については
ちょっとだけわかるよ!

小学校でも,
米づくりがさかんな地域とか
各地の伝統的な祭りについて
少し習ったよね

せやな。
今回は世界とちごて
日本やしな!
イメージしやすいで!

小学校とはちがい,
中学校の地理では
もっと詳しく勉強
していくぞ

自然あり

産業あり

伝統あり

各地の人々の生活の中にはドラマがあるんだ…!

地方ごとに気候や産業がちがうのは,前に勉強したよね

今回はもっと詳しくみていくよ

ガン無視

はーい

あ〜あ,身近なところなら実際に行けたらわかりやすいのにな〜

そう!今回のポイントは「実際に行ったように想像してみること」!

?

!

どんな勉強もそうだけど遠いところの話じゃなくて

身近なものとして想像しながら勉強することでもっと理解しやすくなるのよ

日本一周

日本一周している気分で勉強してくってことだね！

そういわれるとなんや楽しなってくるわ！

おお〜〜！全国にはどんなうまいもんがあるんだろーな！

関西出身

せやな！まかしとき！

近畿地方なら六花が得意だね！

じゃあ最後までがんばって勉強していきましょ！

おーーっ!!

だれもこの衣装にツッコまない…

やる気出してくれるならいいけど…！

九州地方①

 まずは九州地方か〜。火山が多いらしいね。よく噴火したっていうニュースを見るよ！

 ああ。阿蘇山（あそさん）や桜島（さくらじま）など，今でも活動している火山が多い。たびたび噴火の被害を受けるが，マイナスなことばかりではないぞ。

 火山の影響で，温泉がわくから観光資源に生かされているし，地熱発電などのエネルギー産業にも生かされているの。

 温泉ええな〜，行きたいわ〜。

 あと阿蘇山には，カルデラという噴火で火山灰や溶岩が噴き出したあとがくぼんでできた地形が見られるぞ。カルデラの中には水田や市街地が広がっているんだ。

 火山の中に人が住んでいるのか！　すげ〜！！

 あ，沖縄県も九州地方に入っているんだね？

 そうだな。九州地方は黒潮（日本海流）の影響で比較的温暖なんだが，沖縄県では特に気温が高く，温帯ではなく亜熱帯に属しているんだ。

 さんご礁やビーチ，琉球王国の独自の文化が見られることもあって，観光業がさかんだね。

 青い海，白い砂浜，はぁ〜行ってみたいわ〜。

 沖縄もだけど，九州では豪雨の被害が多いらしいね。台風の通り道になるからかな。

 そうだな。その対策として，いろいろ工夫して生活をしている。南西諸島の島では，家のまわりを石垣で囲ったり，屋根がわらを飛ばされないようにしたりしているぞ。

 沖縄県では大きな河川がなくて水不足になりやすいから，家やマンションの最上階にタンクを置いて，水をためているところが多いんだよ。

九州地方のすがた

筑紫平野
筑後川
福岡県
佐賀県
大分県
長崎県
熊本県
阿蘇山
雲仙岳（うんぜんだけ）
九州山地
鹿児島県
宮崎県
桜島
屋久島
沖縄県

 POINT

地熱発電
火山の熱を利用した発電方法。地熱は再生可能エネルギーの一つ。

 POINT

琉球王国
15世紀に成立した王国。王宮だった首里城跡などは世界遺産に登録。

ええな〜。沖縄行きたいわ〜。めんそーれ〜＊。 　＊沖縄の方言で「いらっしゃいませ」の意味。

 沖縄には**アメリカ軍基地**の問題もあるな。沖縄島の面積の約15％をアメリカ軍基地が占めていて，移設問題はニュースでもよく見かけるな。

 政府と住民との間で，なかなか意見がまとまらないらしいなー。

 ええな〜ええな〜。沖縄行きたいわ〜。

 六花，今日はどうしたの？　それしか言ってないよ。

 だって，ここまでずぅーっと勉強しかしてへんねんで。たまにはリフレッシュしたいわ。「六花と温泉の旅！」みたいなんしたいわ。

 完全に現実逃避だね。鬼会長が降臨するよ。

 …………。(無言のプレッシャー)

 さあ！　気を取り直して，次は九州地方の産業！！　はりきって行くでぇぇい！！

練 習 問 題

▶解答は P.151

1 次の文の（　　　　）にあてはまる語句を答えましょう。

（1）　九州地方では，火山の熱を利用して（　　　　　　　　発電）がさかんに行われています。

（2）　阿蘇山などには，火山の噴火によりくぼんでできた（　　　　　　　　　）という地形が見られます。

（3）　九州地方の太平洋沖には，暖流の（　　　　　　　　）が流れているため，九州地方は比較的温暖です。

（4）　沖縄県では，豊かな自然や独自の文化を生かした（　　　　　　　業）がさかんです。

（5）　沖縄島の面積の約15％を（　　　　　　　　　）軍の基地が占めています。

九州地方②

 九州地方の農業としては，まず畑作と，畜産がさかんだ。

 九州地方の南部は，火山灰が積み重なった**シラス台地**が広がっているため，水はけがよすぎて稲作には不向きなの。**畑作ではさつまいもや茶，畜産では牛に豚に鶏など**さまざまな家畜が飼育されているよ。

 すっげー!!!　食の宝庫じゃん！　たしかに九州の黒豚はうまい！

 あとは，**宮崎平野**では，ピーマンやきゅうりの**促成栽培**も行われている。

 コソコソ（促成栽培って何やっけ？）

 コソコソ（Theme28（→P.092）でやったよ。）

 ほかに，九州北部に広がる筑紫平野では稲作が有名だ。山がちな地域では，**棚田**が見られるところもあるぞ。

> **エ POINT**
>
> **棚田**
> 山の斜面などに階段状につくられた田んぼのこと。美しい景観が注目されている。

 あと，沖縄県では亜熱帯の気候を利用して，**さとうきびやパイナップル**がつくられているよ。

 食べ物の話してたら腹減ってきた……。おなかすいたな〜。

 ほんまや。九州地方のごはんおいしそうやな〜。今度，デパートの物産展行ってみよ。

 続いて工業についてだ。九州地方には，明治時代に**八幡製鉄所**がつくられたことで，**鉄鋼業がさかん**になった。この製鉄所を中心に形成されたのが**北九州工業地域（地帯）**だ。

 俺，ずっと思ってたんだけど，"（地帯）"ってなんなんだ？

 （笑）みたいなやつちゃうん？

 昔は北九州工業地帯といって，中京，阪神，京浜とならんで四大工業地帯とよばれていたの。でも，**エネルギー革命**の影響で，メインだった鉄鋼業が衰退して，生産額も落ちてしまったの。

> **エ POINT**
>
> **エネルギー革命**
> 1960年前後に，燃料や動力の主なエネルギー源が石炭から石油に変化したできごと。

 現在では，高速道路の周辺に工場が置かれ，**IC（集積回路）や自動車関連産業がさかん**になっているが，どっちの表現もまだ使われているから（地帯）なんだ。

✓ **九州南部**には**シラス台地**が広がり，**畑作や畜産**がさかん。
✓ **宮崎平野**では，ピーマンやきゅうりの**促成栽培**がさかん。
✓ **八幡製鉄所**を中心に**北九州工業地域（地帯）**が形成された。

 あれ，そういえば歴史で習ったけど，この地域って公害が発生してなかった？

 四大公害病の一つ，水俣（みなまた）病が発生しているね。

 工場の排水が原因で広い範囲に被害が出たな。まあ，その後，住民の努力によってきれいで安全な海に生まれ変わり，現在の水俣市は**環境モデル都市**に選ばれている。

🔧 POINT

四大公害病
1960年代に裁判となった水俣病，新潟水俣病，イタイイタイ病，四日市ぜんそく，の4つ。

 八幡製鉄所がある北九州市にも，ごみをリサイクルする工場を集めた**エコタウン**が形成されているよ。

 おおっ！ 環境にやさしい町になったってことだな！

 ええな〜。ウチも"やさしい""美人"を売りにした**モデルのような**中学生になりたいわ。

 むりだな。　 むりじゃね？

 むりでしょ。　 むりじゃないかしら。

 何気にみんなヒドくない？

練 習 問 題

▶解答は P.151

1 次の文の（　　　）にあてはまる語句を答えましょう。

（1）　九州地方の南部には，火山灰が積み重なった（　　　　　　台地）が広がり，水はけがよすぎて稲作には不向きのため，畑作や畜産がさかんです。

（2）　宮崎平野では，ビニールハウスなどを利用して，ピーマンなどの（　　　　　　栽培）が行われています。

（3）　九州地方の北部に広がる（　　　　　　平野）を中心に稲作がさかんで，山がちな地域では棚田が見られます。

（4）　明治時代に八幡製鉄所がつくられたことで，九州地方北部に
（　　　　　　　工業地域（地帯））が形成されました。

（5）　北九州市や水俣市は，（　　　　　　　　）モデル都市に選定されています。

中国・四国地方①

 次は中国・四国地方だなー！！　広島のかきに香川のうどん……う〜楽しみだ！！

 お前の頭は食い物ばかりだな。まあ，それはさておき。まずは，中国地方から見ていこう。

中国地方のすがた

 あ，ウチが小学校の修学旅行で行った広島があるやん！

 え!?　定番の京都・奈良じゃなくて？

 それは遠足やろ！　関西人にとって京都も奈良も地元みたいなもんやで。

 ほ〜そういう感覚なんだな。確かに，広島は観光客が多いな。広島市は地方中枢都市でもあるしな。

 地方中枢都市？

 各地方の中心となる都市のこと。広島市には，大企業の支社や省庁の出先機関が多くあるんだよ。

 まあ，広島に観光客が多い理由は，原爆ドームの影響も大きいがな。

 第二次世界大戦のときに，原子爆弾が投下されたんやったな。「負の遺産」として世界遺産にも登録されてて。

 さすが，修学旅行に行っただけあって詳しいな。同じく原爆の被害を受けた長崎市とともに平和記念都市として，世界に向けた取り組みを行っているぞ。

 広島市って，いろいろなよび名があるんだな。地方中枢都市に平和記念都市……。

 あら，広島市は政令指定都市でもあるのよ。

 また増えた！　何だよ政令指定都市って。

 政府によって指定を受けた**人口50万人以上の都市**のことだ。**行政を効率的に行うために，都道府県が行う仕事の一部を担当する権限をもっている**。中国地方だけで見ると，岡山市もあてはまるな。

☑ **広島市**は地方中枢都市であり，第二次世界大戦のときに原子爆弾が投下された。
☑ 山間部や離島では**過疎化**が進んでいる。
☑ **インターネット**や**観光資源**を利用した町おこしや村おこしが行われている。

 よび名が増えるとこんがらがるよ〜。混ざらないようにしよう。

 これは四国地方にもいえることなんだけど，中国地方の山間部や離島では過疎化が進んでいるの。限界集落もあるみたい。

 人口がどんどん減ってるっちゅーことやな。過疎化が進むと，バスがなくなったり店が閉まったりと大変やったな。

 そう。だから地域に人を集めようと，観光資源を広くアピールしたり，イベントを行ったりして，地域の活性化をめざした町おこしや村おこしを行う市町村もあるんだ。

過疎地域にインターネットを普及させ，インターネットを介した事業をするベンチャー企業も増えているのよ。

 すごいな。おじいちゃんおばあちゃんばっかりの地域で，最新鋭の技術が使われているんやな。町や村が活性化するならええことやな。

 POINT

限界集落
高齢化が極端に進み，65歳以上の高齢者が過半数を占める集落のこと。

練 習 問 題

▶解答は P.151

1 次の文の（　　）にあてはまる語句を答えましょう。

(1) かつて原子爆弾が投下された広島市には，（　　　　　　　）があり，「負の遺産」として世界遺産に登録されています。

(2) 広島市や岡山市のように，政府によって指定を受けた人口50万人以上の都市で，行政を効率的に行うために，都道府県が行う仕事の一部を担当する権限をもっているものを
（　　　　　都市）といいます。

(3) 中国・四国地方の山間部や離島では，人口が減少する（　　　　　　　）が進んでいます。

(4) 高齢化が極端に進み，65歳以上の高齢者が過半数を占める集落のことを
（　　　　　　　）といいます。

(5) 人を集めようと，地域の活性化をめざした（　　　　　　　）や村おこしを行っている市町村もあります。

中国・四国地方②

 このThemeでは，中国地方の農業や漁業について見ていこう。中国地方でも，その地域の特色に合わせた農業が行われている。洸，鳥取県のおいしい果物は？

 なしだな！！！　二十世紀なしがうまいんだよな～。あと鳥取県はらっきょうもうまい。

 らっきょうは野菜だけどな……。らっきょうは，鳥取県の鳥取砂丘でかんがい設備や防砂林による栽培が行われているぞ。

 砂丘って砂漠みたいなイメージやけど，農業が行われてんねや。

 ほかにも，鳥取県には，日本有数の漁港・境があるよ。カニやイカがおいしいよ。

 山陰・日本海側の魚介は，ほんま，味の宝石箱やで～～～。

 だれのモノマネや洸。

 山陽・瀬戸内海側の方では，何が有名なの？

 岡山県ならももやぶどうがつくられているよ。外国にも輸出したりして手間をかけて栽培されているんだよ。

 あと広島県ではかきの養殖が有名だな。**育てる漁業**がさかんに行われている。

 果物に海の幸……，ますます腹減ってきた～。

 洸が集中しなくなる前に，工業を見ておこう。瀬戸内海沿岸の工業は結構重要だ。

 海沿いに連なってるのは他の工業地帯（地域）と一緒みたいやけど，何が重要なん？

🏅 **POINT**

育てる漁業
養殖漁業や栽培漁業などのこと。とる漁業とはちがい，水産資源を守る取り組みとして注目されている。

瀬戸内海沿岸に広がる工業地域・瀬戸内工業地域だ。岡山県や広島県，山口県，瀬戸内海をはさんだ香川県，愛媛県のあたりまで広がっている。

瀬戸内海沿岸の主な工業都市

 岡山県の倉敷市や山口県の周南市などには**石油化学コンビナート**がつくられているの。石油化学コンビナートは，同じ原料を利用する複数の生産部門や企業が集まる施設だよ。

♡ **広島県はかきの養殖が有名。**
♡ **瀬戸内海沿岸では瀬戸内工業地域が形成されていて, 倉敷市などには石油化学コンビナートがつくられている。**

 原油ってそのまま工場で加工されるわけじゃないんだね。

 その影響もあって, **瀬戸内工業地域では, 他の工業地域よりも化学工業の割合が高くなっている**んだ。

 ほかにも, 広島県の呉市では鉄鋼業, 広島市では自動車工業とか, 主に**重化学工業**がさかんだよ。

 POINT

重化学工業

金属工業, 機械工業, 化学工業の総称。食料品工業やせんい工業などは軽工業という。

 瀬戸内海って, でっかい船で運ぶのに便利そうだな〜。

 瀬戸内海にいけば, 大きい船がいっぱい見れるかな!

 見れるんじゃないか。あちこちに工場があるし, 造船業もさかんだしな。

 (キャッキャキャッキャ)

 ……男子たちがなんでそんな盛り上がってるのかわからへんわ。

 機械モノはオトコのロマンなのよ。ふふ。

練 習 問 題

▶解答は P.151

1 次の文の(　　　)にあてはまる語句を答えましょう。

(1) (　　　　　　　砂丘)では, 防砂林やかんがい設備を利用したらっきょうの栽培がさかんです。

(2) 鳥取県には, 日本有数の港である(　　　　　　　　)があります。

(3) 養殖漁業や栽培漁業など, 水産資源を守る漁業は, (　　　　　　　漁業)として, 近年注目されています。

(4) 瀬戸内工業地域は, 他の工業地域よりも, (　　　　　　工業)の割合が高くなっています。

(5) 岡山県の倉敷市や, 山口県の周南市には(石油化学　　　　　　　　　)が建設されています。

中国・四国地方 ③

 続いて，四国地方について見ていこう。春！　四国地方にふくまれる4県，わかるか？

 はい！　香川県，愛媛県，徳島県，高知県です！

 正解だ。よく復習できているな。

 へへへ。(Theme06の後に勉強していてよかった〜。)

 香川県は，日本一面積のせまい都道府県なんだよ。2番目の大阪府に比べて人口密度は高くないけどね。

四国地方のすがた

 そういや前の単元で，**過疎化**が進んでるっていってたよな。

 洸，よくおぼえていたな。そう。四国地方でも山間部は**過疎化**が問題になっている。

 子どもが少ないから廃校になる学校も見られるのよ。

 それって，学校行かんでええってことちゃうん!?　めっちゃええやん！

 いやいや，もし廃校になる学校の生徒だったら，かわりに隣の学校まで通うことになるんだぞ。隣の学校まで，片道2時間とかする地域もあるそうだ。

 8時20分からの朝礼に間に合うためには，6時過ぎには出発しないといけないってこと？

 ヒイイイイイ!!　めっちゃ大変やん!!!

 その地域の人からすれば深刻な問題だ。**本州四国連絡橋**が建設されたことで，交通の便はいくらか便利になったようだが。

 本州と四国を連絡する橋ってこと？

 そうだ。このおかげで，本州と四国の間で人や物の行き来が格段に増えたんだ。

 本州四国連絡橋ってでっかい橋なんだな〜。

ちがうちがう。本州と四国を結ぶ3つのルートの総称を本州四国連絡橋というのよ。神戸・鳴門ルート，児島・坂出ルート，尾道・今治ルート。右ページの地図と一緒におぼえてね。

◇ **四国地方の山間部**などでは**過疎化**が進んでいる。
◇ **本州四国連絡橋**ができたことで，人や物の結びつきが強まっている。
◇ 大都市に人が吸い寄せられる**ストロー現象**も生じている。

 昔は，フェリーが中心だったんだが，**本州四国連絡橋ができたことで，移動時間が大幅に短縮**されたんだ。

 たしかに，船よりは自動車や電車の方が移動しやすいかも……。

 その一方で人が大都市へ吸い寄せられる**ストロー現象**も起きているの。

 ストロベリー現象？ いちごみたいに橋が真っ赤になったのか？

 ストローだ！ ありえない間違え方するな！ 交通網が整備されたことで，人が大都市に買い物に行ったり，働きに出たりして，**地方や農村の経済が落ち込んでしまう**んだ。

 たしかに，大都市で買い物したいもんな。気持ちわかるで！

 人口が都市に集中すると，住宅不足や交通渋滞などの課題も起きたりするぞ。

本州四国連絡橋

練習問題

▶解答は P.152

1 次の問題に答えましょう。

(1) 四国地方の4県のうち，日本一面積のせまい都道府県はどこですか。

（　　　　　　　　県）

(2) 四国地方の中央部に連なる山地を何といいますか。　（　　　　　　　山地）

(3) 本州四国連絡橋のうち，尾道・今治ルートで中国地方と結ばれている県は，どこですか。

（　　　　　　　　県）

(4) 本州四国連絡橋の一つである，岡山県倉敷市と香川県坂出市との間に開通した橋を何といいますか。　（　　　　　　　　）

(5) 交通網が整備されたことで，人が大都市に吸い寄せられ，地方や農村の経済が落ち込む現象を何といいますか。　（　　　　　　　現象）

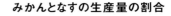

中国・四国地方 ④

みかんとなすの生産量の割合

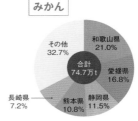

みかん

その他 32.7%
和歌山県 21.0%
愛媛県 16.8%
合計 74.7万t
長崎県 7.2%
熊本県 10.8%
静岡県 11.5%

（2019年産）
（2021年版「データでみる県勢」）

なす

高知県 13.5%
熊本県 11.7%
群馬県 8.8%
合計 30.2万t
その他 54.6%
福岡県 6.1%
茨城県 5.3%

（2019年産）
（2021年版「データでみる県勢」）

次は四国地方の産業についてだな。愛媛のみかんや高知のカツオ，香川のうどんなど，名物がもりだくさんだぜ！

洸がいれば，特産品の説明には困らないな。洸のいう通り，愛媛県は日本有数のみかんの産地だ。

愛媛県では品種改良を重ねてさまざまなかんきつ類が生産されているの。水道の蛇口をひねったら，みかんジュースが出てくることもあるのよ。

なんて幸せな県なんだ！！　オレ，将来，愛媛県に住む！！

あと，高知平野では，ビニールハウスを利用して，なすやピーマンの**促成栽培**が行われている。

暖かい気候を利用して，時期をずらして出荷するんだよね。

高知のカツオは**一本釣り**がさかんなんだよな！　小学生のときに図書館で調べたぜ！

アンタ……食べ物のことになるとホンマ熱意がすごいな……。尊敬するわ。

まあ，海に囲まれている四国地方は比較的漁業がさかんだ。愛媛ではまだいや真珠の養殖もさかんだし。つくられた野菜・果物や魚は，主に**本州四国連絡橋**を利用して大阪や広島などに送られているぞ。

四国から大阪やったら，大鳴門橋と明石海峡大橋使えばすぐみたいやな！

続いて工業ね。愛媛県や香川県の一部は 瀬戸内 工業地域にふくまれているよ。

瀬戸内海沿岸に広がっているんだったよな！

そうだな。特に愛媛県の新居浜市には，**石油化学コンビナート**が建設され，最新鋭の工場が集まっていたんだ。

ほかにも，**地場産業**が有名だよ。たとえば，愛媛県今治市の『**今治タオル**』！　安い外国製のタオルに対抗して，肌触りがいい高品質のタオルづくりに成功したの。最高品質のブランドとして世界でも知られているよ。

♡ 愛媛県ではみかんの栽培，高知県では野菜の促成栽培がさかん。
♡ 四国地方で生産された野菜や魚は，本州四国連絡橋を利用して都市部に送られる。
♡ 地場産業では今治タオルが有名になった。

 あ！ うちにも今治産のタオル，何枚かある！ でも，国産の物って値段が高いイメージだよね？ うちのも貰い物だったな。

 そうだな。地場産業は手作業が多いから，時間も人件費もかかる。でも，大工場の製品にはない，**一つひとつ丁寧につくられている良さ**を発信することが，**多くの人**に手に取ってもらうことに**つながるんだ！！！**

 なんや急に。暑苦しいな。

 ほかにも，香川県丸亀市のうちわや高知県の土佐和紙などの伝統産業もさかんだよ。

 だがしかし！ 高齢化が進んでいて，あとを継ぐ若者が少なくなっているのが問題だ！ **なんと嘆かわしい！**

 なんやねんほんまに！ もっくんどないしてん！

 俺は伝えたい！ 日本の伝統産業にかかわる人の熱意を！

 そういうのはまた別の機会にね。はーい，それじゃあ次に行くよー。

練 習 問 題

▶解答は P.152

1 次の文の（　　　）にあてはまる語句を答えましょう。

（1） 高知平野では，冬でも暖かい気候を生かし，ビニールハウスを利用して，なすやピーマンなどの出荷時期を早める（　　　　　　　　　）が行われています。

（2） 愛媛県は，和歌山県に次いで（　　　　　　　　　）の生産量が日本で2番目に多くなっています（2019年産）。

（3） 愛媛県では，まだいや真珠の（　　　　　　　　　）が行われています。

（4） 愛媛県新居浜市には，（　　　　　　　　　）が建設され，最新鋭の工場が集まっていました。

（5） 伝統産業では，（　　　　　　　　　）が進み，あとを継ぐ若者が少なくなっていることが課題になっています。

近畿地方 ①

 ぶわはははははは！

 ど，どうしたの六花さん……？

 ついに来たで！　ウチの時代が！ウチの母国！　近畿地方の単元や！

 国ではないがな。じゃあ，今回の解説は六花に任せようかな。

 ええ!!　あ……ちょっと……。

〜〜数分後〜〜

 なんかすみませんでした。

 さあ，じゃあさっそく近畿地方のすがたについて見ていくぞ。

近畿地方のすがた

若狭湾

琵琶湖

兵庫県

京都府

滋賀県

淀川

大阪府

三重県

奈良県

志摩半島

紀伊山地

和歌山県

 近畿地方で一番特徴的な地形といえば，日本最大の湖，琵琶湖！　周辺の多くの地域で水源となっているわ。

 淀川（よどがわ）いう川が流れててな，上流では宇治川（うじがわ）とか瀬田川（せたがわ）とか別の名前やねんけど。広い地域で生活用水に使われてんねん。

 さすが。くわしいな。また，若狭湾（わかさわん）や志摩半島（しま）では，海岸線が複雑に入り組んだ リアス海岸 が見られる。

 海岸線がギザギザしてるってことだな！

 それから，近畿地方の中心といえば大阪を中心とする**大阪（関西）大都市圏**だ。大阪市や 堺 市（さかい），神戸市（こうべ），京都市などに人口が集中している。

 大阪は江戸時代に『**天下の台所**』ってよばれとって，全国から物品が集まったことから商業の中心地やってんで。その影響で今でも経済・文化の中心になっとんねんよ。

 今日の六花，すごくかしこく見えるね!!

♡ **大阪を中心に,大阪(関西)大都市圏が形成されている。**
♡ **京都では歴史的な街並みを残す取り組みが進められている。**
♡ **都市部の過密化を緩和するため,ニュータウンがつくられた。**

 せやろ!(テレテレ) 歴史といえば,京都,奈良にも都が置かれてた影響で古いお寺や建物が多いねんで。最近では外国人観光客も多なってるし。

 そうだな。京都では,ビルの高さや看板の大きさなどを規制する**景観条例**を定めている地域もある。歴史的な景観を守るための取り組みだな。

🎗 **P O I N T**
景観条例
歴史的な街並みを守るために,新しくつくる建築物などを規制する条例。

 一方で,神戸市には,都市部の過密化を緩和するために,丘陵地を切り開いて**ニュータウン**がつくられたの。さらには,山をけずったときの土砂を利用して,**ポートアイランド**という埋め立て地をつくったの。

 ポートアイランドには,商業施設や神戸空港がつくられたりでめっちゃ発展してんで!

 六花がいると,解説がスムーズだなー。

 えへへ,もっくん。ウチ,このままずっと近畿地方の勉強してるわ。

 とても心苦しいが,テストでは地理の全範囲が出題されるからな。

練 習 問 題

▶解答は P.152

1 右の地図を見て答えましょう。

(1) 地図中の**X**の湖を何といいますか。

（　　　　　　　）

(2) 地図中の**Y**の河川,**Z**の山地を何といいますか。

Y（　　　　　川）

Z（　　　　　山地）

(3) 若狭湾や志摩半島に共通して見られる,複雑に入り組んだ海岸を何といいますか。

（　　　　　　　）

38 近畿地方②

 次は近畿地方の産業についてだが……。六花, 何か知ってることはあるか？

 和歌山県はみかんの生産が全国1位や（2019年産）！！

 そうだな。和歌山県ではみかん, 柿, うめなど, さまざまな果物がさかんにつくられている。

 フルーツ食べ放題じゃん！　うらやまし～！

 別に食べ放題ではないけど……。大都市の郊外では近郊農業もさかんなのよ。また, 産地の名前をつけた伝統野菜である京野菜は, 特に高い価格で取り引きされているんだよ。

POINT

近郊農業
大都市の周辺で, 大消費地に向けた野菜や花を栽培する農業。輸送費をおさえることができる。

 九条ねぎとか賀茂なすとかが有名やで！　新鮮でどれもめっちゃおいしいねん！

 日本海沿岸や太平洋沿岸の地域では漁業もさかんだ。三重県の英虞湾では真珠の養殖も行われているしな。

 真珠は食えないけど, 三重県といったら伊勢海老がうまいよな！

 和歌山県や奈良県などにまたがる紀伊山地では林業がさかんだよ。この地域でとれる吉野すぎは結構高値で取り引きされるみたいよ。

 前にもいったと思うが, 林業は従業者の高齢化や後継者不足が深刻化しているがな。

 大都市もあるし, 自然も豊かだし, 近畿地方は盛りだくさんだね。

 せやろ！　住んでる人もあったかいしなあ。すぐアメちゃんくれるし。

 工業についてもおさえておこう。近畿地方では, 大阪府や兵庫県を中心に阪神工業地帯が広がっているぞ。三大工業地帯の一つだ。

 日本で最初に発達した工業地帯なんだよ。

 さすが大阪やな！　なんでもかんでも日本一やで！

 戦前から経済・商業が栄え, せんい工業を中心に発展したが, 今は電気機械などの機械工業が多いな。近年は製造品出荷額が中京工業地帯に次ぐ第2位だ。

♡ **大阪大都市圏の郊外**では**近郊農業**がさかん。
♡ **紀伊山地**では**林業**がさかん。
♡ **阪神工業地帯**では**せんい工業の割合が高く,中小工場が多い。**

 なんや。日本一ちゃうんかい。

 阪神工業地帯は,他の工業地域と比べてせんい工業の割合が高いことと,**中小工場が多いこと**が特徴かな。生活に関わるネジとかボルトとか,いろんなものがつくられていて,その技術が世界にも注目されているんだよ。

 へえ～～。日本のものづくりってすげ～な～。

 あと,京都や奈良だと**伝統的工芸品**が多いのも特徴だな。西陣織や奈良筆など,現在でも高級品として扱われているものが多いな。

 たしかに高級そうなイメージがある!

 いや～京都も奈良もすごいですな～。まあ,大阪の方が上やけどな。

 関西の人って,どこに行っても自分の町が一番! ってみんな思ってるよな。神戸も京都も。

 これも近畿地方の文化なのかしら?

練 習 問 題

▶解答は P.152

1 次の文の(　　　)にあてはまる語句を答えましょう。

(1) 近畿地方の大都市周辺では,大消費地向けに野菜や花などを栽培する(　　　　　農業)がさかんです。

(2) (　　　　　　　県)では,みかんや柿,うめの栽培がさかんです。

(3) 和歌山県や奈良県などにまたがる(　　　　　山地)では,林業がさかんです。

(4) 大阪府や兵庫県の沿岸部を中心に広がる(　　　　　工業地帯)は,せんい工業の割合が高く,中小工場が多くなっています。

中部地方 ①

 前から思っていたけど，中部地方って広すぎない？

 県の数も 9 つあっていっちゃん多いやん！

 たしかに広い地方ではあるが，前にも勉強した通り，日本海側の**北陸**，内陸の**中央高地**，太平洋側の**東海**とでは産業も文化も全然ちがうんだ。

 あ〜…たしかに。北陸は寒そうなイメージだね。**日本海側の気候は冬に雪が多く降る**んだったよね。

 あ，たしか中央高地には，アルプスがあったよな？

 日本アルプスだね。中央高地に連なる飛騨山脈，木曽山脈，赤石山脈の総称だよ。

 愛知県の濃尾平野には，木曽三川が流れている。昔からはんらんが多く，洪水を防ぐために**輪中**という集落が見られるぞ。

 ほんまや，地域によって全然ちゃうな。

 その中でも，人口が最も多いのは愛知県だ。名古屋市を中心に**名古屋大都市圏**を形成している。それに，東海地方には，名古屋以外の**政令指定都市**として，浜松市や静岡市もあるな。

 このあたりには，東海道新幹線も通っていたよね。

 そうだね。名古屋市の周辺には**中京工業地帯**，静岡県には**東海工業地域**が形成されているし，工場も多くなっているよ。中京工業地帯は，阪神工業地帯，関東地方の京浜工業地帯とともに三大工業地帯の一つだよ。

 そうだな。中京工業地帯は，現在製造品出荷額がぶっちぎりで**日本一の工業地帯**だ。豊田市などの自動車工業がさかんだ。

 いつか，また阪神工業地帯がテッペンをとる日が来たらええのにな。

中部地方のすがた

越後平野
富山平野
飛騨山脈
新潟県
越後山脈
富山県
長野県
石川県
赤石山脈
福井県
木曽山脈
山梨県
岐阜県
甲府盆地
濃尾平野
愛知県
静岡県

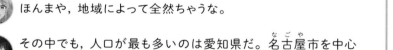

🎌 POINT

輪中
土地が川よりも低いところにあるため，周辺を堤防で囲んだ集落のこと。

| 最重要まとめ |

◇ **中部地方には，飛驒山脈，木曽山脈，赤石山脈の日本アルプスが連なっている。**
◇ **名古屋市を中心に名古屋大都市圏が形成されている。**
◇ **自動車工業がさかんな中京工業地帯は製造品出荷額が日本一。**

 ほかにも，三重県の四日市市（よっかいち）に石油化学コンビナートがあるし，愛知県の東海市（とうかい）に製鉄所があるし，伊勢湾周辺には工業都市が多いの。

 材料をすぐ近くで調達できるし，できた製品は**名古屋港から船で輸送する**のにも便利だ。

 んん？　三重県って近畿地方じゃなかったっけ？

 近畿地方だが，中京工業地帯の一角でもあるんだ。また，東海工業地域では**オートバイや楽器**などの生産がさかんだ。富士山のきれいな水を利用した**製紙工業**も有名だな。

 楽器!?　ほな，ウチらのギターやベースもここでつくられとんの!?

 そうかもな。水運を利用して，山から良質な木材が運ばれるらしい。ピアノもギターも木製だからな。

 へ〜知らんかったわ。中部地方のおかげでウチらバンドできてんねんな。

 バンドができるかどうかは，お前らの勉強にもかかっている!!　気を抜くなよ。

練 習 問 題

▶解答は P.153

1 右の地図を見て答えましょう。

(1) 地図中の**A**の地域に連なる，飛驒山脈，木曽山脈，赤石山脈をまとめて何といいますか。

（　　　　　　　　）

(2) 地図中の**B・C**の平野を何といいますか。

B（　　　　　平野）

C（　　　　　平野）

(3) 愛知県を中心に広がる，日本一の製造品出荷額をほこる工業地帯を何といいますか。

（　　　　工業地帯）

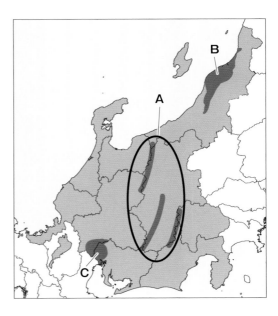

中部地方②

 中部地方について，工業をちょっとだけ前の単元でやったが……。北陸，中央高地，東海と順番に見ていくぞ。農業などについても盛りだくさんだから，心して取り組んでくれ。

 うへ～い。

 おい！　どうした！　声が小さいぞ!!!　空前絶後レベルで声を出せぇい！

 伊坂くん，ネタが古いわよ。さ！　まずは北陸からだね。ご存じだと思うけど，**稲作**がとってもさかんなの。**越後平野**が広がる新潟県は，日本有数の米の産地だよ。

 はい！　新潟県の米といえば，南魚沼産（みなみうおぬま）のコシヒカリが有名です！！

 よくできたな洸。次は中央高地。この地域では，すずしい気候を生かした高原野菜の**抑制栽培**がさかんだ。

 山梨県の**甲府盆地**（こうふ）には扇状地が広がり，**ももやぶどう**の栽培がさかんだよ。

 扇状地は，水はけがよいから，果樹栽培にはもってこいだったね。

 POINT

抑制栽培
すずしい気候を生かして，作物の生長をおくらせて出荷時期をずらす栽培方法。何回も出てきているのでそろそろおぼえよう。

 その通りだ。最後に東海だが，静岡県では**茶の栽培**が非常にさかんだ。

 ええやんええやん。ウチ，ミルクティー好きやで。

 静岡で有名なのは紅茶よりも緑茶の方ね。富士山の裾野（すその）や**牧ノ原台地**（まきのはら）が茶の産地として知られているわ。

 ほかにも，知多半島（ちた）や渡美半島（あつみ）では，**施設園芸農業**がさかんになっている。

 施設って……ビニールハウスや温室を使うってこと？

 そうだ。いちごやメロンの栽培も行われているし，夜間に照明を当てる**電照ぎく**の栽培もさかんだ。

 お花にフルーツに，いろいろやっとんなあ中部地方は。

 工業もさかんだしな。中京工業地帯に東海工業地域！

 POINT

電照ぎくの栽培
夜間に照明を当てて，開花時期をおくらせる栽培方法。抑制栽培の一種。

北陸の方でも工業がさかんだよ。**伝統産業**や**地場産業**が多く見られるの。

 伝統産業が昔からの産業ってのはわかるけど，地場産業ってなんだろう？

 どちらも，**その地域でとれる材料をもとにして何かをつくる産業**だ。**北陸地方は冬に雪が多く降るから，家の中で行う副業として**小千谷ちぢみや輪島塗などの伝統的工芸品がつくられていたんだ。

 地場産業だと，富山県の売薬や福井県鯖江市の眼鏡フレームも有名ね。

 基の眼鏡も鯖江でつくられてんのか？

 そうなんじゃないか？　なんたって鯖江市は眼鏡フレームの国内生産量の約9割，世界の生産量の約2割を占めてるくらいだからな。眼鏡はいいぞ～。遠くまでよく見える。

 いきなり眼鏡のCMみたいになったで。

 眼鏡キャラがこのシリーズに1人しかいないから，さみしいんだよきっと。

練 習 問 題

▶解答は P.153

1 次の文の（　　　）にあてはまる語句を答えましょう。

（1）　北陸地方では，越後平野などで（　　　　　　　　　　）がさかんに行われています。

（2）　中央高地では，レタスやキャベツの（　　　　　　　　栽培）がさかんに行われています。

（3）　知多半島や渥美半島では，ビニールハウスや温室を使って，野菜や花の
（　　　　　　　　　農業）が行われています。

（4）　北陸地方では，冬の副業として伝統産業や（　　　　　　　　産業）が発達しました。

（5）　福井県の（　　　　　　　　市）は，眼鏡フレームの国内生産量の約9割を占めています。

関東地方①

 関東地方は住んでる地域だし，なんとかわかるかも。

 あんま下手なこと言うたら，近畿地方でのウチみたいになるで！　やめとき！

 まあまあ，知ってることもあるかもしれないよ。まずは地形だね。関東地方の大部分は，日本最大の平野である**関東平野**が広がっているよ。

 関東平野は，火山灰が堆積した**関東ローム**とよばれる赤土におおわれていて，畑作がさかんに行われている。

 たしかに，この辺，高い山とかあまりないよな。あ!!　富士山が見えるじゃん！　高いビルとかに登ると！

関東地方のすがた

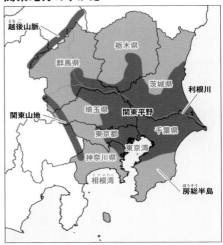

 富士山は静岡県と山梨県の県境にあるから，関東地方じゃないよ。東京からも見えるってことはそれだけ富士山が高い山ってことだね。

 関東地方で日本一なのは，茨城県や千葉県の県境に流れている**利根川**だな。日本最大の流域面積を持っている。

 利根川ってそんなにすごいんだ。たしかに電車乗ってると，橋を渡る時間がやたら長いよね。

 こっちに来てから思うけど，関東ってほんま人多いよな！　どの電車乗ってもどの駅におっても人，**人，人**!!!

 そりゃあな。日本の総人口の約3分の1が関東地方で生活している。特に首都である東京を中心に，神奈川，千葉，埼玉は人口が多いな。**東京大都市圏**を形成している。

 交通網も発達してるよな。オレの住む埼玉から東京に来るとき，いろんな路線や乗換方法があるもんな。

あれほんま迷うねん!!　みんな黙って御堂筋線※乗っとればええねん！

※御堂筋線…大阪市の中心部を走る鉄道路線の一つ。

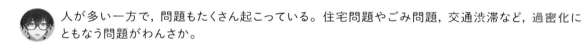
 人が多い一方で，問題もたくさん起こっている。住宅問題やごみ問題，交通渋滞など，**過密化に**ともなう問題がわんさか。

 最近は外国人観光客も多いよね。千葉県にある**成田国際空港**は，空の玄関口だったね。

 すごいな。ほんま人ばっかやな。どこに住んでんねやろ。

 みんながみんな東京に住んでいるんじゃなくて，埼玉県や千葉県とか，郊外に住んでいる人が多いかな。みんな**東京の会社や学校に通勤・通学でやってくるから，東京は夜間人口よりも昼間人口の方が多い**の。

POINT
夜間人口・昼間人口
夜間人口は実際に住んでいる人の数，昼間人口は昼の時間帯での人の数を指す。

 東京には，住んでいる人よりも働きに来る人が多いってことだな。

 あれ，茉里って東京都千代田区に住んでなかったっけ？ あのあたりってオフィス街ばっかじゃない？

 （バカ！ 千代田区っていったらほとんどが一等地だ！ そんなとこに住めるのは超お嬢様しかいねーよ。）

 ???（にこっ）

練 習 問 題

▶解答は P.153

1 次の問題に答えましょう。

(1) 関東地方に広がる，日本最大の平野を何といいますか。 （　　　　　　　　平野）

(2) (1)の平野の大部分をおおっている，火山灰などが堆積してできた赤土を何といいますか。

（　　　　　　　　　）

(3) 茨城県や千葉県などの県境に流れる流域面積が日本最大の河川を何といいますか。

（　　　　　　　　　）

(4) 東京を中心に形成される大都市圏を何といいますか。 （　　　　　　　　　）

(5) 東京都の夜間人口と昼間人口は，どちらが多いですか。 （　　　　　　　　　）

42 関東地方 ②

 関東地方ってどこ行ってもビルばっかじゃん。農業とかしてなさそうじゃね？

 さっきもいったが，関東ロームでは畑作がさかんだ。特に，大消費地に近い立地を生かした近郊農業がさかんだ。

 野菜とか花とか，千葉県や茨城県などで特にさかんだよ。

 近いから輸送費をおさえられるんやったな。**移動時間も短いから新鮮なまま運べる**し。もうかりそうやな〜。

 同じような理由で，千葉県では生乳やにわとりの卵の生産もさかんだ。

 牛乳も卵も新鮮さが大事だもんね。

 すずしい気候の群馬県では，キャベツやレタスなどの高原野菜の抑制栽培がさかんだよ。

 高原野菜の抑制栽培は長野県でも行われてたな！　同じ感じか！

 農業，いろいろ行われてるやん。人が多いから，その分ぎょーさんつくられてるんやな。

 そうだな。東京は日本最大の消費地だから，物流センターや卸売市場も数多くつくられている。商業施設も多いしな。

 東京は流行の最先端やしな！　常にトレンドをチェックしとらんと，乗り遅れてまうで。

 さすがギャルだな。

 次は関東地方の工業を見ていくよ〜。東京と横浜を中心に京浜工業地帯，千葉県を中心に京葉工業地域，茨城県の沿岸部には鹿島臨海工業地域が形成されているよ。

 待って待って待って!!!　そんないっぺんにおぼえられへんわ！　工業地帯どんだけあんねん！

 あ，最近は内陸部にも北関東（関東内陸）工業地域が形成されているな。

 また増えた!!　しかも北関東?!　関東内陸!?　どっち!?

 どっちの名称も使われるから，両方おぼえておいてね。

- ◇ **大都市周辺で近郊農業がさかん。**
- ◇ **臨海部では，京浜工業地帯や京葉工業地域が形成されている。**
- ◇ **北関東（関東内陸）工業地域では，高速道路のインターチェンジ周辺に工業団地がつくられた。**

 こんなに工業地帯や工業地域があって，何つくってんだ？

 京浜工業地帯では機械工業がさかんだな。あと，特徴としては，出版・印刷業がさかんだ。

 印刷って……新聞とか，雑誌とかの？

 そうだ。首都である東京には情報が多く集まるから，出版社や報道機関が多いんだ。さっき六花もトレンドがどうとか言ってただろ。

 京葉工業地域は，石油化学コンビナートがあるから化学工業の割合が大きく，全体の4割近くを占めているの。金属工業も約2割を占めているよ。

 次に北関東（関東内陸）工業地域だが，高速道路のインターチェンジ周辺に工業団地がつくられて近年生産額をのばしているぞ。

工 POINT

工業団地
工場を計画的に誘致するために整備された用地。輸送に便利な高速道路のインターチェンジ付近につくられる。

 工場もどんどん広がっとんやな。そろそろ人が住む場所が機械に埋めつくされてまうで。

 機械が人を侵食するって……まるでター●ネーターみたいだね！

練 習 問 題

▶解答は P.153

1 次の文の（　　　）にあてはまる語句を答えましょう。

（1）　千葉県や茨城県などの大都市周辺では，大消費地向けに野菜や花などを栽培する
（　　　　　　　　　　）がさかんに行われています。

（2）　東京都と神奈川県の臨海部には，三大工業地帯の一つである（　　　　　工業地帯）が形成されています。

（3）　千葉県に広がる京葉工業地域では，石油化学コンビナートがつくられており，
（　　　　　工業）の割合がほかの工業地域よりも多くなっています。

（4）　北関東（関東内陸）工業地域では，高速道路のインターチェンジ周辺に工場を誘致する
（　　　　　　　　　）がつくられています。

43 | 東北地方 ①

 もう東北地方か〜。ゴールまであと少しだな！

 お前たちのゴールは，Theme46ではなく，テストで平均点以上を取ることだ。手段と目的をはきちがえるな。

 鬼や……。

 さっそく東北地方の自然環境について見ていくよ〜。東北地方の中央には**奥羽山脈**が連なっていて，日本海側の地域と太平洋側の地域と気候を分断するよ。

 日本海側の地域は，季節風の影響で冬の降水量が多くなるんだよね。雪がたくさん積もるってこと。

 そうだな。ただ，この地方では，太平洋側の気候がちょっと特殊でな。夏に**やませ**とよばれる冷たく湿った風が吹くことがある。

 すずしそうでいいじゃん！

 すずしいのはいいんだがな。やませが原因で日が出ている時間が短くなったり，霧が発生したりすると，作物が育たず，**冷害**が発生することがあるんだ。

 それは困る!!!!　非常に困る！

 だよね。最近は寒さに強い稲の品種改良も進んでいるみたいだけど。
あ，岩手県から宮城県に広がる**三陸海岸**には，近畿地方と同じように**リアス海岸**が見られるよ。

 のこぎりみたいなギザギザした海岸やったな。

 東北地方はだいぶ山がちな地形なんだが，秋田県と青森県の県境に連なる**白神山地**は，世界自然遺産にも登録されているからおぼえておこう。

 本当に自然が豊かなんだね。東北地方は。

 そうね。自然と結びついた**年中行事**もたくさん行われているの。

東北地方のすがた

 POINT

やませ
寒流の親潮（千島海流）の影響を受けて吹くことがある，冷たく湿った北東の風。夏の冷害の原因になる。

 POINT

白神山地
ぶなの原生林などの豊かな自然が見られる。

年中行事って，七夕とかひな祭りとかの？

 ご名答！　特に仙台市の**仙台七夕まつり**，青森市の**青森ねぶた祭**，秋田市の**秋田竿燈まつり**は東北三大祭りとよばれているんだ。山形市の**山形花笠**まつりも有名だ。

 青森ねぶた祭は見たことあるよ。大きな山車で練り歩くんだよね。

 そうそう。ほかにも，東北地方には，自然と結びついた**伝統行事**が多いんだよ。秋田県のなまはげは，国の**重要無形民俗文化財**に指定されているよ。

 泣く子はいねがぁぁ!!　ってやつだな。

 そうそう！　おっかない鬼が家を回るやつね。豊作や豊漁をもたらす神の訪れでもあるのよ。

 え〜ww　もっくんみたいな鬼がいっぱいってことやろ。「勉強せぇ〜勉強せぇ〜」って。

 六花！　後ろ！　後ろ！

 ゴゴゴゴゴゴゴ………。

練 習 問 題

▶解答は P.154

1 次の問題に答えましょう。

(1) 東北地方の中央に連なり，気候を分断する山脈を何といいますか。　（　　　　　　山脈）

(2) 寒流の影響を受けて，東北地方に冷害をもたらす冷たく湿った北東の風を何といいますか。

（　　　　　　　　）

(3) 岩手県と宮城県の沿岸部にある，リアス海岸が見られる海岸を何といいますか。

（　　　　　　海岸）

(4) 秋田県と青森県の県境に連なり，世界自然遺産にも登録されている山地を何といいますか。

（　　　　　　山地）

(5) 東北三大祭りの一つである七夕まつりが行われる宮城県の県庁所在地はどこですか。

（　　　　　　市）

東北地方 ②

 続いて東北地方の産業についてだが……。

 東北といったらやっぱり白米様だよなーー!!!

 白米……様?

 たしかに, 東北地方の農業といえば稲作だ。日本の米の約4分の1が東北地方でつくられている。秋田平野や庄内平野なんかが有名だな。銘柄米もたくさんつくられている。

POINT

銘柄米
品種改良の結果味がよくなったブランドの米。コシヒカリ, ひとめぼれ, あきたこまちなど。

 すべての飯は白米によって成り立っている……。

 池端君, ごはんのことになると人が変わるね。東北地方は稲作のほかに, 果樹栽培がさかんだよ。**津軽平野ではりんご, 山形盆地ではさくらんぼ, 福島盆地ではもも**が栽培されているよ。

 青森県のりんごは超有名やんな〜。山形県のさくらんぼも日本一っていうし!

 三陸海岸の沖合には, 寒流と暖流がぶつかる**潮目(潮境)**がある。この海域は, 海流に乗ってたくさんの種類の魚が集まるから, よい漁場となっているんだ。

 東北地方は海鮮もうまいよな!　いろんな魚が食えるんだ!

 東北地方って, いろんな農業と水産業がさかんなんだね。グルメツアーできそう。

 豊かな自然を活かした伝統工業もさかんだよ。雪の影響で, 農作業ができない冬に行う仕事としていろんな工芸品がつくられてきたの。

 宮城のこけしかわいいな〜〜!

 地元の木材やうるしを加工した**伝統的工芸品**を, 一つ一つ手作業でつくっているぞ。

東北地方の伝統的工芸品

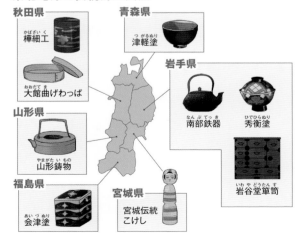

♡ **青森県**ではりんご，**山形県**ではさくらんぼの栽培がさかん。
♡ **青森県**では**津軽塗**，**岩手県**では**南部鉄器**が生産されている。
♡ **東日本大震災**をきっかけに，災害に強いまちづくりが進められている。

 手作業で!? 職人の技術が必要になるんだね。

 そうだな。職人の高齢化が進んでいることや，工場での大量生産による安い製品が増えたことで生産がのび悩んではいるな。

 手づくりのお椀とかでごはん食べると，より一層うまくなるけどな〜。

 わかるわ〜!

 それと，忘れてはいけないのが，2011年に起きた**東日本大震災**のことね。地震に加え，津波によっても壊滅的な被害を受けたことをきっかけに，災害に強いまちづくりが全国的に進められているよ。

 そうだね。ぼくたちも何かできることないかな。

 Theme22でも調べたように，日頃から意識しておくことが大切だな。

 おっしゃ! じゃあ，今度もし災害が起きたら，ボランティアとしてがんがん人助けをするぜ!!

 テストが終わった後だとありがたいな。

練 習 問 題

▶解答は P.154

1 次の文の（　　　）にあてはまる語句を答えましょう。

（1） 東北地方では，ひとめぼれやあきたこまちなど，品種改良によって味がよくなった
（　　　　　　　　　　）が多くつくられています。

（2） 東北地方は果樹栽培がさかんで，青森県の津軽平野では（　　　　　　　　），山形県の山形盆地では（　　　　　　　　）の栽培がさかんに行われています。

（3） 三陸海岸沖には，寒流と暖流がぶつかる（　　　　　　　　　　）があり，よい漁場となっています。

（4） 青森県の津軽塗や，岩手県の南部鉄器など，地元の素材を加工した（　　　　　　　　）が多くつくられています。

北海道地方①

 ついに北海道まで来たんやな。九州地方から始まり，ここまで長かったわ〜。

 そうだな。解説もあと2単元，がんばろう。

 まずは，北海道の自然環境を見ていくよ。……といっても，北海道っていったら……。

 大自然が広がっているんだよな！　北海道は**でっか**……

北海道地方のすがた

北見山地
国後島（くなしりとう）
知床半島
択捉島（えとろふとう）
石狩平野
北海道
根釧台地
十勝平野
札幌（さっぽろ）
日高山脈

 定番のギャクはいわせねーぞ。北海道の中央には，**北見山地**（きたみさんち）や**日高山脈**（ひだかさんみゃく）が南北に連なっている。また，**石狩平野**（いしかり），**十勝平野**（とかち），**根釧台地**（こんせん）などの広大な平地も広がっているぞ。

 広大……という表現がどこまで適切かわからないけど。本当に見渡す限り畑や田が広がっているの。

 空も広いんだろうね。行ってみたいなぁ。

 気候は，前に習った通り，｜冷帯（亜寒帯）｜に属している。このあたりの気候は，気温が低く，梅雨がないのが特徴だ。

 梅雨がないってええな。ジメジメせんでええやん。

 代わりに冬の寒さはすっごくきびしいよ。ふつうに0度を下回るけど，大丈夫？

 雪が道路に積もって，外が歩けなくなるから，**ロードヒーティング**も見られるけど，大丈夫か。

POINT

ロードヒーティング
道路に電熱線や温水パイプを通し，熱で雪をとかす設備。

 ………。

 その気候を生かして，観光業もさかんだな。スキーやスノボに訪れる人も多いし，温泉も各地にあるしな。

 北海道はメシもうまいもんな！

☑ **石狩平野**や**十勝平野**など広大な平地が広がっている。
☑ **明治時代**に**開拓使**が置かれた。
☑ **先住民族**である**アイヌ**の文化が残っている。

 その話は次の単元でじっくりすることにしよう。ほかにも，先住民族である**アイヌ**の文化も観光の見どころの一つだ。

 アイヌは歴史の勉強でもやったよね！

 もともと狩りや漁をして生活をしていたんだけど，明治時代に政府が**開拓使**を置き，大規模な開拓を行ったの。それもあってアイヌの人たちは土地をうばわれてしまったのよ。

 1997年にアイヌ文化振興法が制定され，これを廃止して，2019年には**アイヌ民族支援法**（アイヌ新法）が制定されるなど，伝統的な文化を守ろうとする取り組みが進められているんだ。

 歴史でも学んだけど，札幌とか小樽とかの地名は，もともとアイヌの言葉からとったものなんだよな。めずらしい地名が多いよな。

 北海道には，きっとアイヌの文化があちこちに根づいているんだろうね。

 そうだな。各地域の地理を学ぶっていうのは，その地域に住んでいた人々の文化や伝統を学ぶことでもあるな。さあ，このまま最後の単元に進もうか。

練 習 問 題

▶解答は P.154

1 次の問題に答えましょう。

(1) 地図中の**A・B**の平野を何といいますか。

　　　　A（　　　　　　平野）

　　　　B（　　　　　　平野）

(2) 地図中の**C**の山地を何といいますか。

　　　　（　　　　　　山地）

(3) 北海道が属する気候帯を何といいますか。

　　　　（　　　　　　）

(4) 北海道の先住民族を何といいますか。

　　　　（　　　　　　）

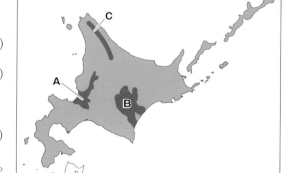

北海道地方②

 北海道のメシについてだな!!

 産業についてだ。まあ,おおむね農業についてなんだが……。最後までこのノリか…。

 北海道は広大な土地を利用した大規模な農業が行われているの。農家一戸あたりの耕地面積は,全国と比べて差は明らかだね。

農家一戸あたりの耕地面積の比較

北海道	24.9
全国平均	2.5
都府県平均	1.7

（2018年）　　　　　　　10　　20　　30 (ha)
（農林水産省資料）

 北海道めちゃめちゃ広いやん！

 地域によって特徴がちがうからおさえておこう。まず石狩平野だが,ここでは**稲作**がさかんだ。もともと泥炭地だったんだが,客土によって土地を改良し,日本有数の稲作地帯へと成長したんだ。←

> ⚒ **POINT**
>
> **客土**
> 他の土地から,性質のちがう土をもってきて,土地を改良すること。

  日本最大の**畑作**地帯といえば十勝平野！　小麦やじゃがいも,てんさいなどを順番につくる**輪作**が行われているよ。

 輪作って？

 同じ作物をつくり続けていると,土地がどんどん弱っていくんだ。**土地の栄養を落とさないように,1つの土地で時期によって異なる作物を順番につくっている**んだ。農地が広大だから,こっちの畑では今年はじゃがいも,こっちでは小麦といったふうに,いろんな作物が同時につくれるんだ。

 北海道のじゃがいもは本当にうまいよな～。農家の人の努力によってつくられているんだな。じゃがバターが食べたくなってきた……。

 生乳からバターをつくる**酪農**は,根釧台地が有名だね。**乳牛の飼育頭数は全国一位！**　牛乳はもちろん,バターやチーズ,ヨーグルトに加工されているの。

 洸やないけど,話聞いてるだけで,おなか減ってくるわ。いろいろおいしそうやもん！

 だろだろ！　北海道は海鮮もうまいんだぜ！　な,基！

 そうだな。北海道は,漁獲量も全国一位だ。釧路や根室など有名な漁港も多いし,オホーツク海では**北洋漁業**も行われている。ほたてやうにの養殖も増えているぞ。

♡ **石狩平野では稲作，十勝平野では小麦やじゃがいもなどを栽培する畑作，根釧台地**では酪農が行われている。

♡ **自然環境を観光資源とするエコツーリズムが広がっている。**

 新鮮な海の幸，おいしそ〜。

 北海道の工業は，地元の農産物や水産物を加工した**食品工業の割合が大きい**よ。ほかにも，豊かな森林から取れる木材を活かした**製紙工業もさかん**だね。

 自然環境を観光資源として，体験したり学んだりする**エコツーリズム**も広がっているぞ。

 ほえ〜。自然をもろに活かした産業が発展しとんやな。北海道，一度行ってみたいわ〜。

 ここまでいろんな地域を勉強してきたけど，地域によって人のくらしも産業も文化も全然ちがうんだな。とはいえ，無事にここまで来れてよかった〜〜！

  せーの，**終わったー！　ばんざーい!!**

 何言ってるの。ここからが本番よ。基礎的な知識は身についたと思うから，テストに向けた鬼の特訓が始まるよ。

 ととと特訓?!　　　 聞いてないよ〜〜。

 不肖 伊坂基，軽音同好会の存続のためならなんでもする所存だ。お前ら，覚悟しておけ。

 オ，オレたちの戦いはまだまだ続くぜ……!!

練 習 問 題

▶解答は P.154

1 次の文の（　　　）にあてはまる語句を答えましょう。

(1) 石狩平野は，泥炭地であった土地を客土によって改良し，現在は，日本有数の
（　　　　　　　　　）地帯となっています。

(2) 十勝平野は，日本最大の畑作地帯で，小麦やじゃがいもなどを順番につくる
（　　　　　　　　　）が行われています。

(3) 根釧台地では，乳牛を飼いチーズやバターなどを生産する（　　　　　　　　）がさかん
に行われています。

(4) 北海道では，地元の農産物や水産物を加工した（　　　　　　　工業）の割合が大きくなっ
ています。

▶解答は P.155

勉強した日　　　月　　　日　　　　　　　得点

まとめのテスト

/100点

1 右の地図を見て，次の問いに答えましょう。　　　5点×6（30点）

(1) 地図中の**X**の山に見られる，火山の爆発や噴火などによってできた大きなくぼ地を何といいますか。

（　　　　　　　　　　　）

(2) 地図中の**Y**に流れる暖流を何といいますか。

（　　　　　　　　　　　）

(3) 地図中の**Z**の地域に広がる工業地域を何といいますか。

（　　　　　　　工業地域）

(4) 次の①～③の説明にあてはまる県を，地図中の**ア**～**オ**からそれぞれ選びなさい。

① みかんの栽培がさかんで，生産量は日本有数である。

② シラス台地が広がり，畜産がさかんに行われている。

③ なすやピーマンなどの野菜の促成栽培がさかんである。

①（　　　　）　②（　　　　）　③（　　　　）

2 右の地図を見て，次の問いに答えましょう。　　　5点×3（15点）

(1) 地図中の**X**は日本最大の湖です。この湖を何といいますか。

（　　　　　　　　　　　）

(2) 地図中の**Y**や**Z**の半島に見られる，複雑に入り組んだ海岸線を何といいますか。

（　　　　　　　　　　　）

(3) 地図中の大阪市などの大都市の周辺でさかんな，大消費地に向けた野菜や花を栽培する農業を何といいますか。

（　　　　　　　　　　　）

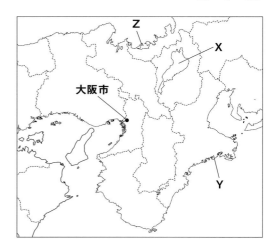

3 右の地図を見て，次の問いに答えましょう。　　　　　　5点×5(25点)

(1) 地図中の**X**に広がる平野を何といいますか。

（　　　　　　　　　　平野）

(2) 地図中の**Y**の平野にある台地は，大量の火山灰が積もってできた赤土におおわれています。これを何といいますか。

（　　　　　　　　　　）

(3) 地図中の**Z**の県を中心に広がる工業地域を何といいますか。

（　　　　　　　　工業地域）

(4) 次の①・②の文の説明にあてはまる県を，地図中の**ア〜オ**からそれぞれ選びなさい。

① 越後平野が広がり，水田単作による稲作がさかんである。

② 貿易額が日本一である成田国際空港がある。　　　①（　　　）　②（　　　）

4 右の地図を見て，次の問いに答えましょう。　　　　　　5点×6(30点)

(1) 地図中の**X**の平野と**Y**の山脈をそれぞれ何といいますか。

X（　　　　　　　　平野）

Y（　　　　　　　　山脈）

(2) 地図中の ⟵ は，夏に吹くことがある冷たい北東の風です。この風を何といいますか。

（　　　　　　　　　　）

(3) 地図中の**Z**の台地でさかんに行われている，生乳からバターやチーズなどの乳製品をつくる畜産を何といいますか。

（　　　　　　　　　　）

(4) 東北地方の地方中枢都市である宮城県の県庁所在地の位置を，地図中の**ア〜エ**から選びなさい。

（　　　）

(5) 地図中の**A**の県で毎年行われている,東北三大祭りの一つを,次の**ア〜エ**から選びなさい。

ア 七夕まつり　　**イ** 花笠まつり　　**ウ** 竿燈まつり　　**エ** ねぶた祭　　（　　　）

01 地球・世界のすがた

練習問題

1 次の（　　　）にあてはまる語句を答えましょう。

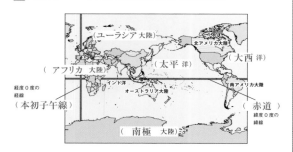

（ ユーラシア 大陸 ）　北アメリカ大陸　（ 大西洋 ）
（ アフリカ 大陸 ）　（ 太平洋 ）　インド洋　南アメリカ大陸
経度 0 度の経線　オーストラリア大陸　（ 赤道 ）
（ 本初子午線 ）　緯度 0 度の緯線
（ 南極 大陸 ）

02 世界の地域区分と特色

練習問題

1 次の（　　　）にあてはまる州名を答えましょう。

（ヨーロッパ州）　（ アジア 州 ）　（ 北アメリカ 州 ）
（アフリカ 州）　（オセアニア 州）　南アメリカ州

03 日本のすがた

練習問題

1 次の（　　　）にあてはまる島名，語句を答えましょう。

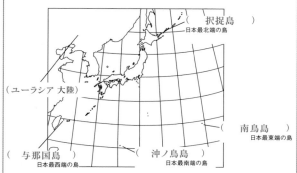

（ 択捉島 ）
日本最北端の島
（ユーラシア 大陸）
（ 南鳥島 ）
日本最東端の島
（ 与那国島 ）
日本最西端の島
（ 沖ノ鳥島 ）
日本最南端の島

04 北方領土・竹島と尖閣諸島

練習問題

1 次の問題に答えましょう。

(1) 領土，領海，領空をまとめて何といいますか。
（　　　領域　　　）

(2) 領海の外側で，沿岸国に水産資源や鉱産資源の権利が認められている，沿岸から 200 海里以内の海域を何といいますか。
（　排他的経済水域　）

(3) ロシア連邦に不法に占拠されている，択捉島，国後島，歯舞群島，色丹島をまとめて何といいますか。
（　　北方領土　　）

(4) 韓国が不法に占拠している島根県に属する島を何といいますか。
（　　　竹島　　　）

(5) 近年，尖閣諸島の周辺でとれる可能性があるとされる資源は何ですか。
（　　　石油　　　）

05 時差の計算

練 習 問 題

1 次の（　）にあてはまる数字を答えましょう。

(1) 時差は，経度差（ **15** ）度ごとに 1 時間生じます。

(2) 日本の標準時子午線は，東経（ **135** ）度の経線です。

2 次の問題に答えましょう。

(1) 本初子午線を通るロンドンと東京の経度差は何度ですか。また，時差は何時間ですか。

経度差（ **135** 度）

時差（ **9** 時間）

(2) 日本が午後 5 時のとき，ロンドンの現地時間は何時ですか。午前・午後を明らかにして書きましょう。

（ **午前 8** 時）

06 日本の地域区分

練 習 問 題

1 次の問題に答えましょう。

(1) 47 都道府県のうち，「府」にあたる都道府県はどこですか。

（順不同）（ **大阪** ）府 （ **京都** ）府

(2) 次の都道府県が属する地方を 7 つの地方区分から答えましょう。

① 長野県 （ **中部** ）地方

② 宮城県 （ **東北** ）地方

③ 福岡県 （ **九州** ）地方

④ 和歌山県（ **近畿** ）地方

(3) 中国地方を中国山地を境に 2 つに分けたとき，岡山県，広島県などがふくまれる地域区分を何といいますか。

（ **山陽** ）

まとめのテスト

得点
/100点

1 右の図を見て，次の問いに答えましょう。

(1) 図中の **A** の大洋名を，次のア〜ウから選びなさい。

ア 太平洋　イ 大西洋

ウ インド洋　（ **ウ** ）

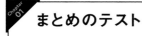

(2) 図中の **B・C** の大陸を何といいますか。

B（ **アフリカ** ）大陸

C（ **ユーラシア** ）大陸

(3) 次の文中の①・②にあてはまる語句を，それぞれ書きなさい。

> 緯度は，図中のあの（ ① ）を 0 度として北緯と南緯に分けられる。経度は，本初子午線を 0 度として東経と西経に分けられる。図中のいの線は，（ ② ）という。

①（ **赤道** ）②（ **経線** ）

2 右の地図を見て，次の問いに答えましょう。

(1) 地図中の **A** と **B** の州名を，次のア〜エからそれぞれ選びなさい。

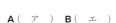

ア ヨーロッパ州

イ アフリカ州

ウ オセアニア州

エ 北アメリカ州

A（ **ア** ）B（ **エ** ）

(2) 地図中の**X**のように，海に囲まれている国を何といいますか。

（ **島国（海洋国）** ）

(3) アジア州を細かく分けたとき，地図中のサウジアラビアと日本がふくまれる地域を，次のア〜エからそれぞれ選びなさい。

ア 西アジア　　イ 南アジア

ウ 東南アジア　エ 東アジア

サウジアラビア（ **ア** ）日本（ **エ** ）

3 右の地図を見て、次の問いに答えましょう。

(1) 地図中の **A・B** の島を、次の**ア〜エ**からそれぞれ選びなさい。

ア 択捉島
イ 与那国島
ウ 南鳥島
エ 沖ノ鳥島

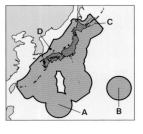

A（ **エ** ）
B（ **ウ** ）

(2) 地図中の **C** の島々は、日本固有の領土でありながら、他国に占拠されています。**C** の島々をまとめて何といいますか。
（ 北方領土 ）

(3) (2)の島々を占拠している国はどこですか。国名を書きなさい。
（ ロシア（連邦） ）

(4) 島根県に属する日本固有の領土でありながら、現在、韓国が不法に占拠している地図中の **D** の島を何といいますか。
（ 竹島 ）

(5) 地図中の ◯ は、日本の海岸線から 200 海里以内の海域を示しています。領海をのぞく、海岸線から 200 海里までの海域を何といいますか。
（ 排他的経済水域 ）

(6) 日本の位置について、次の文中の①・②にあてはまる語句を、それぞれ書きなさい。

> 日本は、 ① 大陸の東にある島国（海洋国）で、まわりには日本海や太平洋などが広がっている。緯度・経度で表すと、北緯およそ 20 〜 46 度、 ② 経およそ 122 〜 154 度の範囲に位置する。

①（ ユーラシア ）大陸 ②（ 東 ）経

(7) 次の①・②にあてはまる国を、あとの**ア〜エ**からそれぞれ選びなさい。
① 日本とほぼ同じ緯度に位置する国
② 日本とほぼ同じ経度に位置する国

ア オーストラリア **イ** カナダ
ウ アルゼンチン **エ** イラン

①（ エ ）②（ ア ）

練習問題

1 次の（　　　）にあてはまる語句を答えましょう。

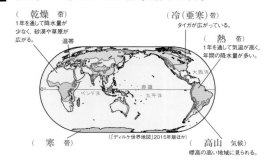

（ 乾燥 ）帯
1年を通して降水量が少なく、砂漠や草原が広がる。

（冷（亜寒））帯
タイガが広がっている。

温帯

（ 熱 ）帯
1年を通して気温が高く、年間の降水量が多い。

（ 寒 ）帯

（ 高山 ）気候
標高の高い地域に見られる。

「ディルケ世界地図」2015年版ほか

練習問題

1 次の（　　　）にあてはまる語句を、下からそれぞれ選びましょう。

(1) 熱帯では、湿気を防ぐために、（ 高床 ）の住居がつくられています。

(2) 東アジアや東南アジアでは、（ 米 ）を主食としています。

〔 高床　日干しれんが　米　小麦 〕

2 次の問題に答えましょう。

(1) 7 世紀にムハンマドが開き、1 日 5 回の祈りをささげる宗教を何といいますか。
（ イスラム教 ）

(2) 紀元前 6 世紀ごろにシャカが開いた宗教を何といいますか。
（ 仏教 ）

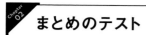

まとめのテスト

得点

/100点

1 次の地図を見て, あとの問いに答えましょう。

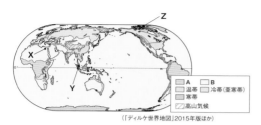

（「ディルケ世界地図」2015年版ほか）

A □ B
□ 温帯 □ 冷帯（亜寒帯）
□ 寒帯
▨ 高山気候

(1) 地図中の**A・B**にあてはまる気候帯の名前を書きましょう。
　　　　　　　　A（　熱帯　）B（　乾燥帯　）

(2) 地図中の**A・B**の気候帯の説明を, 次の**ア〜ウ**から選び
なさい。
　ア　ほとんど日が当たらず, 夏以外は氷や雪でとざされる。
　イ　1年を通して気温が高く, 年間の降水量が多い。
　ウ　1年を通して降水量が少なく, 砂漠や草原が広がって
いる。

　　　　　　　　　　A（　イ　）B（　ウ　）

(3) 地図中の**X〜Z**の都市の気温と降水量を示した雨温図
を, 右の**ア〜ウ**からそれぞれ選びなさい。
　　X（　ウ　）　**ア**　　　**イ**　　　**ウ**

（2021年版「理科年表」）

(4) 地図中の冷帯（亜寒帯）で広がる針葉樹林帯を何とい
いますか。
　　　　　　　　　（　　タイガ　　）

(5) 地図中の温帯のうち, 日本が属している気候を, 次の**ア**
〜ウから選びなさい。
　ア　西岸海洋性気候　　**イ**　地中海性気候
　ウ　温暖湿潤気候　　　　　　　　　　（　ウ　）

2 次の問いに答えましょう。

(1) 寒い地域で高床の住居が見られる理由を, 次の**ア〜ウ**
から選びなさい。
　ア　強い日差しや砂をさけるため。
　イ　湿気を防ぐため。
　ウ　地面に熱が伝わらないようにするため。
　　　　　　　　　　　　　　（　ウ　）

(2) 次の①〜③の文にあてはまる農産物を, ┌┄┄┐から選
んで書きなさい。

　① ヨーロッパや北アメリカなど, 世界各地の主食となっ
ている。
　② 主に, 東アジアや東南アジアで主食となっている。
　③ 中南米やアフリカなどで主食となっている。

┌┄┄┄┄┄┄┄┄┄┄┄┄┄┄┄┄┄┄┐
米　とうもろこし　小麦　いも類
└┄┄┄┄┄┄┄┄┄┄┄┄┄┄┄┄┄┄┘

　①（　小麦　）　②（　米　）
　　　　　　③（　とうもろこし　）

(3) 次の①〜③の文にあてはまる宗教を, あとの**ア〜エ**から
選びなさい。

　① 紀元前6世紀ごろにシャカが開いた宗教で, 東アジ
アや東南アジアに信者が多い。
　② 世界で一番信者の数が多く, 信者は教会で祈りをさ
さげる。
　③ 1日5回の祈りをささげ, 豚肉を食べることを禁止す
るなど, きびしい決まりが多くある。

ア　キリスト教　　**イ**　仏教
ウ　ヒンドゥー教　**エ**　イスラム教
　　　　①（　イ　）②（　ア　）③（　エ　）

3 次の**A〜D**を, 世界の諸地域や国の調査をする順番に並べ
替えましょう。

A 仮説を立てたり, どうやって調べたりするかなど, 調査計
画を立てる。
B 調べたことをまとめて, 発表する方法を考える。
C 新聞や図書館の書籍, インターネットなどで実際に調査
する。
D 調査する国や地域を決め, 何を調べるか, テーマを決め
る。

（　D　）→（　A　）→（　C　）→（　B　）

アジア州①

1 次の問題に答えましょう。

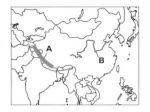

(1) 右の地図中の**A**の山脈と,**B**の河川の名称をそれぞれ答えましょう。

A(ヒマラヤ 山脈)

B(黄河)

(2) 人口増加を抑えるため,かつて中国で行われていた政策を何といいますか。

(一人っ子政策)

(3) 東南アジアの国々が,経済的・文化的な結びつきを強めるために結成している組織を何といいますか。

(ASEAN（東南アジア諸国連合）)

アジア州②

1 次の問題に答えましょう。

(1) 東アジアの気候に影響をあたえている,季節によって吹く向きが変わる風を何といいますか。

(季節風（モンスーン）)

(2) 東南アジアで多く見られる,植民地時代に輸出用の作物をつくるために開かれた大農園を何といいますか。

(プランテーション)

(3) 西アジアのペルシャ湾沿岸国で産出が多い鉱産資源は何ですか。

(石油（原油）)

(4) 中国のシェンチェンやアモイなど,外国の企業を受け入れるために設けられた地域を何といいますか。

(経済特区（経済特別区）)

ヨーロッパ州①

1 次の問題に答えましょう。

(1) 地図中の**A**の河川・**B**の山脈の名称をそれぞれ答えましょう。

A(ライン 川)

B(アルプス 山脈)

(2) ヨーロッパの気候に影響をあたえる,西からの風を何といいますか。

(偏西風)

(3) EU（ヨーロッパ連合）で用いられている共通通貨を何といいますか。

(ユーロ)

ヨーロッパ州②

1 次の問題に答えましょう。

(1) ヨーロッパ州の北西部や東部で行われている,穀物の栽培と家畜の飼育を組み合わせた農業を何といいますか。

(混合農業)

(2) 地中海の沿岸で行われている,気候に合わせて小麦やオリーブ,ぶどう,オレンジなどを栽培する農業を何といいますか。

(地中海式農業)

(3) ルール工業地帯が広がる,ヨーロッパ最大の工業国はどこですか。

(ドイツ)

(4) ヨーロッパの南部で主に信仰されている,キリスト教の宗派を何といいますか。

(カトリック)

練習問題

1 次の問題に答えましょう。

(1) アフリカ州北部に広がる, 世界最大の砂漠を何といいますか。

(サハラ 砂漠)

(2) かつて流域でエジプト文明が栄えた, 世界一長い河川を何といいますか。

(ナイル 川)

(3) 過放牧や過耕作の影響で砂漠が広がる環境問題を何といいますか。

(砂漠化)

(4) 経済発展がいちじるしく, BRICSの一つに数えられているアフリカ州の国はどこですか。

(南アフリカ共和国)

練習問題

1 次の問題に答えましょう。

(1) コートジボワールやガーナなど, 沿岸国でカカオの栽培がさかんな湾を何といいますか。

(ギニア 湾)

(2) 砂漠の中で地下水がわき出るところを何といいますか。

(オアシス)

(3) コバルトやマンガンなど, 量が少なかったり, とるのが難しかったりする金属をまとめて何といいますか。

(レアメタル(希少金属))

(4) アフリカ州の多くの国で見られる, 単一の農産物や鉱産資源に輸出をたよる経済を何といいますか。

(モノカルチャー経済)

練習問題

1 次の( )にあてはまる山脈名, 河川名, 国名などを答えましょう。

(カナダ)
面積が世界2位の国

(ロッキー 山脈)

(五大 湖)

(グレートプレーンズ)
広大な平原

(ミシシッピ 川)

練習問題

1 右の地図中の**A～C**で行われている農業をそれぞれ答えましょう。

(2017年版「グーズ世界地図」ほか)

A (小麦)の栽培
B (とうもろこし)・大豆の栽培
C 牛の(放牧)

2 次の問題に答えましょう。

(1) アメリカでは, その地域の自然環境に適した農作物を生産しています。このことを何といいますか。

(適地(・)適作)

(2) サンフランシスコ郊外にある, ICT(情報通信技術)産業が発達している地域を何といいますか。

(シリコンバレー)

18 南アメリカ州①

練習問題

1 次の問題に答えましょう。

(1) 右の地図中の**A**の山脈・**B**の河川の名称を,それぞれ答えましょう。

A (アンデス 山脈)

B (アマゾン 川)

(2) 日本から外国へ移住した日本人やその子孫を何といいますか。

(日系人)

(3) ブラジルの公用語として用いられているヨーロッパ系の言語は何ですか。

(ポルトガル語)

19 南アメリカ州②

練習問題

1 次の問題に答えましょう。

(1) ブラジルなどで行われている,森林を焼きはらい,できた灰を肥料とする農業を何といいますか。

(焼畑農業)

(2) ブラジルで,生産量が世界一位である農作物(2018年)を,次から2つ選び,記号で答えましょう。

ア コーヒー豆　**イ** 小麦

ウ さとうきび　**エ** 大豆

(順不同)(ア)(ウ)

(3) 小麦の栽培や放牧が行われている,アルゼンチンの草原を何といいますか。

(パンパ)

(4) さとうきびやとうもろこしを使った燃料を何といいますか。

(バイオエタノール)

(バイオ燃料)

20 オセアニア州①

練習問題

1 次の問題に答えましょう。

(1) オーストラリアの先住民族を何といいますか。

(アボリジニ(アボリジニー))

(2) かつてオーストラリアやニュージーランドを植民地として支配した国はどこですか。

(イギリス)

(3) オーストラリアで1970年代まで行われていた,アジアからの移民を制限する主義(政策)を何といいますか。

(白豪主義(白豪政策))

(4) 他の民族・人種の文化を認め,尊重し合う社会を何といいますか。

(多文化社会)

21 オセアニア州②

練習問題

1 次の問題に答えましょう。

(1) オーストラリアの人口が集中しているのは,沿岸部と内陸部のどちらですか。

(沿岸部)

(2) 次のうち,ニュージーランドで,人口よりも多く放牧されている家畜はどれですか。

〔 リャマ 鶏 豚 羊 〕

(羊)

(3) 次のうち,オーストラリアの西部で多く産出され,日本へも多く輸出されている鉱産資源はどれですか。

〔 石油 鉄鉱石 天然ガス 石炭 〕

(鉄鉱石)

(4) オーストラリアで行われている,地表を直接けずる採掘方法を何といいますか。

(露天掘り)

まとめのテスト

得点

/100点

1 右の地図を見て、次の問いに答えましょう。

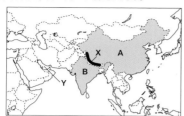

(1) 地図中の**X**の山脈を何といいますか。
（　ヒマラヤ　）山脈

(2) 地図中の**A**の国には、外国企業の設備や技術を受け入れるために設けられた地域があります。このような地域を何といいますか。（経済特区（経済特別区））

(3) 地図中の**B**の国で、多くの国民が信仰している宗教を、次の**ア**〜**エ**から選びなさい。

ア 仏教　　　**イ** キリスト教
ウ ヒンドゥー教　**エ** イスラム教

（　ウ　）

(4) 地図中の**Y**の湾の沿岸国で多く産出される鉱産資源を、次の**ア**〜**エ**から選びなさい。

ア 石炭　**イ** 石油　**ウ** 鉄鉱石　**エ** 銅

（　イ　）

2 次の問いに答えましょう。

(1) 右の地図中の**X**で見られる、氷河によってつくられた複雑な地形を何といいますか。
（　フィヨルド　）

(2) 右の地図中の**Y**の山脈を何といいますか。
（　アルプス　）山脈

(3) ヨーロッパで行われている地中海式農業で栽培される作物を、次の**ア**〜**エ**から2つ選びなさい。

ア 小麦　　　**イ** とうもろこし
ウ オリーブ　**エ** 米

（順不同）（　ア　）（　ウ　）

(4) ヨーロッパの多くの国々が加盟しているヨーロッパ連合（EU）の共通通貨を何といいますか。

（　ユーロ　）

3 次の問いに答えましょう。

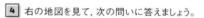

(1) 右の地図中の**X**の川、**Y**の砂漠をそれぞれ何といいますか。

X（　ナイル　）川
Y（　サハラ　）砂漠

(2) 右の地図中の**Z**の湾の沿岸国で生産がさかんな農産物を、次の**ア**〜**エ**から選びなさい。

ア バナナ　　**イ** コーヒー豆
ウ カカオ豆　**エ** 茶

（　ウ　）

(3) アフリカ州で豊富にとれる、コバルトやマンガンなどの、量が少なかったり、とるのが難しかったりする金属を何といいますか。

（レアメタル（希少金属））

4 右の地図を見て、次の問いに答えましょう。

(1) 地図中の**X**の山脈、**Y**の川をそれぞれ何といいますか。

X（　ロッキー　）山脈
Y（　アマゾン　）川

(2) 地図中の**A**の国にやって来る、スペイン語を話す中南米からの移民を何といいますか。
（　ヒスパニック　）

(3) 地図中の★で示した都市について述べた次の文中の　　　にあてはまる語句を書きなさい。

> この都市の近郊には、ICT（情報通信技術）産業の会社や研究所が集中し、　　　とよばれる地域がある。

（　シリコンバレー　）

(4) 地図中の**B**の国で生産がさかんな、さとうきびなどの植物を原料としてつくられる燃料を何といいますか。
（バイオエタノール）
（バイオ燃料）

練習問題

1 右の2万5千分の1の地形図を見て答えましょう。

(1) 地形図上の**A−B**の長さは2cmです。実際の距離は何mですか。
（　　500　　m）

(2) 地形図上の**C**と**D**のうち,傾斜が急なのはどちらですか。
（　　D　　）

(3) 次の地図記号は何を表していますか。

① （　図書館　）

② （　果樹園　）

(国土地理院発行2万5千分の1地形図「赤湯」)

練習問題

1 次の問題に答えましょう。

(1) 世界の大きな造山帯のうち,日本列島がふくまれる造山帯を何といいますか。
（　環太平洋造山帯　）

(2) 中部地方に連なる,標高3000m前後の飛驒山脈,木曽山脈,赤石山脈をまとめて何といいますか。
（　日本アルプス　）
（日本の屋根）

(3) 新潟県から静岡県に走っている,日本の地形を東西に分断する地溝帯を何といいますか。
（　フォッサマグナ　）

(4) 日本と世界の河川について,次の文の（　）にあてはまる語句を書きましょう。
●日本の河川は,世界の河川と比べて距離が（　短く　）,流れが（　急　）です。

練習問題

1 次の問題に答えましょう。

(1) 日本の気候に影響をあたえる,季節によって吹く向きが変わる風を何といいますか。
（　季節風(モンスーン)　）

(2) 次の雨温図が示す気候区分をそれぞれ書きましょう。

(2021年版「理科年表」)

（日本海側の気候）（太平洋側の気候）（北海道の気候）

(3) 災害が起きたときの被害状況を予測してつくられた地図を,何といいますか。
（　ハザードマップ　）
（防災マップ）

練習問題

1 次の問題に答えましょう。

(1) 次の人口ピラミッドの形をそれぞれ答えましょう。

(2020/21年版「日本国勢図会」ほか)

（　富士山　型）　（　つりがね　型）　（　つぼ　型）

(2) 65歳以上の人口の割合が増え,子どもの人口の割合が減る状態を何といいますか。
（　少子高齢化　）

世界と日本の資源・エネルギー

練習問題

1 次の問題に答えましょう。

(1) 右の**A**・**B**は，ある鉱産資源の日本の輸入先を示しています。**A**・**B**にあてはまる鉱産資源を答えましょう。

A アメリカ 2.2%／ロシア 5.5%／クウェート 8.4%／カタール 8.7%／アラブ首長国連邦 29.9%／サウジアラビア 35.6%／その他 9.7%

B アメリカ 8.5%／ロシア 9.9%／インドネシア 11.9%／オーストラリア 58.8%／その他 10.9%

(2019年)(2020/21年版「日本国勢図会」)

A（　石油（原油）　）
B（　　石炭　　）

(2) 日本で最も発電量が多い発電方法は何ですか。
（　火力　発電）

(3) 風力や太陽光，地熱など，自然の力を利用したエネルギーを何といいますか。
（　再生可能エネルギー　）

日本の農林水産業

練習問題

1 次の問題に答えましょう。

(1) 高知県や宮崎県でさかんな，冬でも温暖な気候を利用し，野菜などの生育を早めて出荷時期をずらす栽培方法を何といいますか。
（　促成栽培　）

(2) 長野県や群馬県でさかんな，夏でも冷涼な気候を利用し，野菜などの生育をおくらせて，出荷時期をずらす栽培方法を何といいますか。
（　抑制栽培　）

(3) 右のグラフは，日本の食料自給率の推移を示したものです。グラフ中の**ア**～**エ**のうち，米と小麦にあてはまるものを1つずつ選びなさい。

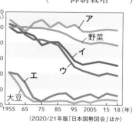

(2020/21年版「日本国勢図会」ほか)

米　（　ア　）
小麦（　エ　）

日本の工業と商業・サービス業

練習問題

1 次の問題に答えましょう。

(1) 右の地図中の**A**にあてはまる臨海部に帯状に連なる工業地域をまとめて何といいますか。
（　太平洋ベルト　）

(2) 右の地図中の**B**の県などに広がる，日本で最も工業生産額が大きい工業地帯を何といいますか。
（　中京　工業地帯）

(3) 右の地図中の**C**の県などに広がる，高速道路の発達により発展している内陸型の工業地域を何といいますか。
（　北関東（関東内陸）工業地域）

(4) 第一次産業，第二次産業，第三次産業のうち，就業者数が最も増えている産業はどれですか。
（　第三次産業　）

世界と日本の結びつき

練習問題

1 次の（　　　）にあてはまる語句を答えましょう。

(1) （　航空　輸送）は軽量な電気部品や生鮮品など，（　海上　輸送）は自動車など重い機械類や石油・石炭など燃料の輸送に利用されています。

(2) 千葉県には，貿易額・外国からの旅客数がともに日本一である（　成田国際　空港）があります。

(3) 情報通信では，通信衛星や光ファイバーケーブルの整備により，（　インターネット　）の利便性が高まり，パソコンや携帯電話が普及しました。

まとめのテスト

得点

/100点

1 次の問いに答えましょう。

(1) 日本列島が属している造山帯を何といいますか。
（ 環太平洋 造山帯 ）

(2) 地図中の**X**は、3000m級の高い山々がそびえる地域です。この地域にある3つの山脈をあわせて何といいますか。
（ 日本アルプス ）
（日本の屋根）

(3) 地図中の⇨は季節風を示したものです。夏に吹く季節風の向きは、地図中の**ア、イ**のうちではどちらですか。
（ イ ）

(4) 地図中の**A ～ C**の都市の気候の特徴としてあてはまるものを、次の**ア～エ**からそれぞれ選びなさい。
ア 比較的温暖で一年を通して降水量が少ない。
イ 冷帯に属し、冬の寒さがきびしい。
ウ 夏に比べて冬の降水量が多い。
エ 亜熱帯に属し、一年を通して降水量が多い。
A（ イ ） **B**（ ウ ） **C**（ ア ）

(5) 多くの県や市町村でつくられている、地震や川のはんらんなどによる被害を予測した地図のことをカタカナで何といいますか。
（ ハザードマップ ）

2 次の問いに答えましょう。

(1) 右の図は、日本の人口ピラミッドで、**A ～ C**は、1935年、1990年、2019年のいずれかです。**A ～ C**を年代順に並べかえなさい。
（ B → C → A ）

(2) 日本の人口が1億3000万人、面積が38万km^2のとき、日本の人口密度は何人/km^2になりますか。小数第一位を四捨五入して書きなさい。
（2020/21年版「日本国勢図会」ほか）
（ 342 人/km^2 ）

3 次の問いに答えましょう。

(1) 右のグラフは、石油、石炭、鉄鉱石、液化天然ガスの日本の輸入相手国を示したものです。石油と鉄鉱石のグラフを、**ア～エ**からそれぞれ選びなさい。
石油（ イ ）
鉄鉱石（ ア ）

ア			カナダ
オーストラリア 51.6%	ブラジル 28.2	7.7	その他 12.5

			カタール クウェート
イ	サウジアラビア 35.6%	アラブ首長国連邦 29.9	8.7 8.4 その他 17.4

		マレーシア	ロシア
ウ	オーストラリア 40.4%	11.7 11.3 7.8	その他 28.8

	カタール インドネシア	ロシア
エ	オーストラリア 58.8%	11.9 9.9 8.5 その他 10.9
		アメリカ

（2019年）　（2020/21年版「日本国勢図会」）

(2) 九州地方に多く見られる、火山の熱やエネルギーを利用した発電方法を何といいますか。
（ 地熱発電 ）

(3) 再生可能エネルギーによる発電にあてはまらないものを、次の**ア～エ**から選びなさい。
ア 水力発電 **イ** 太陽光発電
ウ 風力発電 **エ** 火力発電
（ エ ）

4 次の問いに答えましょう。

(1) 地図中の**A・B**の県でさかんな、農作物の生育を早めて、出荷時期をずらす栽培方法を何といいますか。
（ 促成栽培 ）

(2) 地図中の**C・D**の県で抑制栽培がさかんな農作物を、次の**ア～エ**から選びなさい。
ア みかん **イ** レタス
ウ きく **エ** ピーマン
（ イ ）

(3) 関東地方から九州地方北部にかけてのびる、工業のさかんな地図中の**X**で示した地域をまとめて何といいますか。
（ 太平洋ベルト ）

(4) 地図中の**Y・Z**の工業地帯名をそれぞれ答えましょう。
Y（ 中京 ）工業地帯 **Z**（ 京浜 ）工業地帯

(5) 第三次産業にあてはまるものを、次の**ア～エ**から選びなさい。
ア 林業 **イ** 建設業
ウ 輸送業 **エ** 水産業
（ ウ ）

(6) 航空輸送に適していないものを、次の**ア～エ**から選びなさい。
ア 生花 **イ** 自動車
ウ 貴金属 **エ** 集積回路（IC）
（ イ ）

31 九州地方①

練習問題

1 次の文の（ ）にあてはまる語句を答えましょう。

(1) 九州地方では,火山の熱を利用して（ 地熱 発電）がさかんに行われています。

(2) 阿蘇山などには,火山の噴火によりくぼんでできた（ カルデラ ）という地形が見られます。

(3) 九州地方の太平洋沖には,暖流の（黒潮(日本海流)）が流れているため,九州地方は比較的温暖です。

(4) 沖縄県では,豊かな自然や独自の文化を生かした（ 観光 業）がさかんです。

(5) 沖縄島の面積の約15%を（ アメリカ ）軍の基地が占めています。

32 九州地方②

練習問題

1 次の文の（ ）にあてはまる語句を答えましょう。

(1) 九州地方の南部には,火山灰が積み重なった（ シラス 台地）が広がり,水はけがよすぎて稲作には不向きのため,畑作や畜産がさかんです。

(2) 宮崎平野では,ビニールハウスなどを利用して,ピーマンなどの（ 促成 栽培）が行われています。

(3) 九州地方の北部に広がる（ 筑紫 平野）を中心に稲作がさかんで,山がちな地域では棚田が見られます。

(4) 明治時代に八幡製鉄所がつくられたことで,九州地方北部に（ 北九州 工業地域(地帯)）が形成されました。

(5) 北九州市や水俣市は,（ 環境 ）モデル都市に選定されています。

33 中国・四国地方①

練習問題

1 次の文の（ ）にあてはまる語句を答えましょう。

(1) かつて原子爆弾が投下された広島市には,（ 原爆ドーム ）があり,「負の遺産」として世界遺産に登録されています。

(2) 広島市や岡山市のように,政府によって指定を受けた人口50万人以上の都市で,行政を効率的に行うために,都道府県が行う仕事の一部を担当する権限をもっているものを（ 政令指定 都市）といいます。

(3) 中国・四国地方の山間部や離島では,人口が減少する（ 過疎化 ）が進んでいます。

(4) 高齢化が極端に進み,65歳以上の高齢者が過半数を占める集落のことを（ 限界集落 ）といいます。

(5) 人を集めようと,地域の活性化をめざした（ 町おこし ）や村おこしを行っている市町村もあります。

34 中国・四国地方②

練習問題

1 次の文の（ ）にあてはまる語句を答えましょう。

(1) （ 鳥取 砂丘）では,防砂林やかんがい設備を利用したらっきょうの栽培がさかんです。

(2) 鳥取県には,日本有数の港である（ 境 ）があります。

(3) 養殖漁業や栽培漁業など,水産資源を守る漁業は,（ 育てる 漁業）として,近年注目されています。

(4) 瀬戸内工業地域は,他の工業地域よりも,（ 化学 工業）の割合が高くなっています。

(5) 岡山県の倉敷市や,山口県の周南市には（ 石油化学コンビナート ）が建設されています。

35 中国・四国地方③

練習問題

1 次の問題に答えましょう。

(1) 四国地方の4県のうち,日本一面積のせまい都道府県はどこですか。
（ 香川 県）

(2) 四国地方の中央部に連なる山地を何といいますか。
（ 四国 山地）

(3) 本州四国連絡橋のうち,尾道・今治ルートで中国地方と結ばれている県は,どこですか。
（ 愛媛 県）

(4) 本州四国連絡橋の一つである,岡山県倉敷市と香川県坂出市との間に開通した橋を何といいますか。
（ 瀬戸大橋 ）

(5) 交通網が整備されたことで,人が大都市に吸い寄せられ,地方や農村の経済が落ち込む現象を何といいますか。
（ ストロー 現象）

36 中国・四国地方④

練習問題

1 次の文の（　　）にあてはまる語句を答えましょう。

(1) 高知平野では,冬でも暖かい気候を生かし,ビニールハウスを利用して,なすやピーマンなどの出荷時期を早める（ 促成栽培 ）が行われています。

(2) 愛媛県は,和歌山に次いで（ みかん ）の生産量が日本で2番目に多くなっています（2019年産）。

(3) 愛媛県では,まだいや真珠の（ 養殖 ）が行われています。

(4) 愛媛県新居浜市には,（石油化学コンビナート）が建設され,最新鋭の工場が集まっていました。

(5) 伝統産業では,（ 高齢化 ）が進み,あとを継ぐ若者が少なくなっていることが課題になっています。

37 近畿地方①

練習問題

1 右の地図を見て答えましょう。

若狭湾
X
Y
志摩半島
Z

(1) 地図中の**X**の湖を何といいますか。
（ 琵琶湖 ）

(2) 地図中の**Y**の河川,**Z**の山地を何といいますか。
Y（ 淀 川）
Z（ 紀伊 山地）

(3) 若狭湾や志摩半島に共通して見られる,複雑に入り組んだ海岸を何といいますか。
（ リアス海岸 ）

38 近畿地方②

練習問題

1 次の文の（　　）にあてはまる語句を答えましょう。

(1) 近畿地方の大都市周辺では,大消費地向けに野菜や花などを栽培する（ 近郊 農業）がさかんです。

(2) （ 和歌山 県）では,みかんや柿,うめの栽培がさかんです。

(3) 和歌山県や奈良県などにまたがる（ 紀伊 山地）では,林業がさかんです。

(4) 大阪府や兵庫県の沿岸部を中心に広がる（ 阪神 工業地帯）は,せんい工業の割合が高く,中小工場が多くなっています。

39 中部地方①

練習問題

1 右の地図を見て答えましょう。

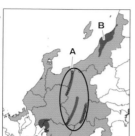

(1) 地図中の**A**の地域に連なる,飛驒山脈,木曽山脈,赤石山脈をまとめて何といいますか。
（ 日本アルプス ）
（日本の屋根）

(2) 地図中の**B・C**の平野を何といいますか。
B（ 越後 平野）
C（ 濃尾 平野）

(3) 愛知県を中心に広がる,日本一の製造品出荷額をほこる工業地帯を何といいますか。
（ 中京 工業地帯）

---

 40 中部地方②

練習問題

1 次の（　　）にあてはまる語句を答えましょう。

(1) 北陸地方では,越後平野などで（ 稲作 ）がさかんに行われています。

(2) 中央高地では,レタスやキャベツの（ 抑制 栽培）がさかんに行われています。

(3) 知多半島や渥美半島では,ビニールハウスや温室を使って,野菜や花の（ 施設園芸 農業）が行われています。

(4) 北陸地方では,冬の副業として伝統産業や（ 地場 産業）が発達しました。

(5) 福井県の（ 鯖江 市）は,眼鏡フレームの国内生産量の約9割を占めています。

---

 41 関東地方①

練習問題

1 次の問題に答えましょう。

(1) 関東地方に広がる,日本最大の平野を何といいますか。
（ 関東 平野）

(2) (1)の平野の大部分をおおっている,火山灰などが堆積してできた赤土を何といいますか。
（ 関東ローム ）

(3) 茨城県や千葉県などの県境に流れる流域面積が日本最大の河川を何といいますか。
（ 利根川 ）

(4) 東京を中心に形成される大都市圏を何といいますか。
（ 東京大都市圏 ）

(5) 東京都の夜間人口と昼間人口は,どちらが多いですか。
（ 昼間人口 ）

---

 42 関東地方②

練習問題

1 次の文の（　　）にあてはまる語句を答えましょう。

(1) 千葉県や茨城県などの大都市周辺では,大消費地向けに野菜や花などを栽培する（ 近郊農業 ）がさかんに行われています。

(2) 東京都と神奈川県の臨海部には,三大工業地帯の一つである（ 京浜 工業地帯）が形成されています。

(3) 千葉県に広がる京葉工業地域では,石油化学コンビナートがつくられており,（ 化学 工業）の割合がほかの工業地域よりも多くなっています。

(4) 北関東（関東内陸）工業地域では,高速道路のインターチェンジ周辺に工場を誘致する（ 工業団地 ）がつくられています。

43 東北地方①

練習問題

1 次の問題に答えましょう。

(1) 東北地方の中央に連なり,気候を分断する山脈を何といいますか。

（　奥羽　山脈）

(2) 寒流の影響を受けて,東北地方に冷害をもたらす冷たく湿った北東の風を何といいますか。

（　やませ　）

(3) 岩手県と宮城県の沿岸部にある,リアス海岸が見られる海岸を何といいますか。

（　三陸　海岸）

(4) 秋田県と青森県の県境に連なり,世界自然遺産にも登録されている山地を何といいますか。

（　白神　山地）

(5) 東北三大祭りの一つである七夕まつりが行われる宮城県の県庁所在地はどこですか。

（　仙台　市）

44 東北地方②

練習問題

1 次の文の（　）にあてはまる語句を答えましょう。

(1) 東北地方では,ひとめぼれやあきたこまちなど,品種改良によって味がよくなった（　銘柄米　）が多くつくられています。

(2) 東北地方は果樹栽培がさかんで,青森県の津軽平野では（　りんご　）,山形県の山形盆地では（　さくらんぼ（おうとう）　）の栽培がさかんに行われています。

(3) 三陸海岸沖には,寒流と暖流がぶつかる（　潮目（潮境）　）があり,よい漁場となっています。

(4) 青森県の津軽塗や,岩手県の南部鉄器など,地元の素材を加工した（　伝統的工芸品　）が多くつくられています。

45 北海道地方①

練習問題

1 次の問題に答えましょう。

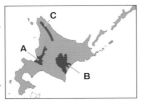

(1) 地図中の**A・B**の平野を何といいますか。

A（　石狩　平野）

B（　十勝　平野）

(2) 地図中の**C**の山地を何といいますか。

（　北見　山地）

(3) 北海道が属する気候帯を何といいますか。

（　冷帯（亜寒帯）　）

(4) 北海道の先住民族を何といいますか。

（　アイヌ　）

46 北海道地方②

練習問題

1 次の文の（　）にあてはまる語句を答えましょう。

(1) 石狩平野は,泥炭地であった土地を客土によって改良し,現在は,日本有数の（　稲作　）地帯となっています。

(2) 十勝平野は,日本最大の畑作地帯で,小麦やじゃがいもなどを順番につくる（　輪作　）が行われています。

(3) 根釧台地では,乳牛を飼いチーズやバターなどを生産する（　酪農　）がさかんに行われています。

(4) 北海道では,地元の農産物や水産物を加工した（　食品　工業）の割合が大きくなっています。

まとめのテスト

得点 /100点

1 右の地図を見て，次の問いに答えましょう。

(1) 地図中の**X**の山に見られる，火山の爆発や噴火などによってできた大きなくぼ地を何といいますか。
（ カルデラ ）

(2) 地図中の**Y**に流れる暖流を何といいますか。
（ 黒潮（日本海流） ）

(3) 地図中の**Z**の地域に広がる工業地域を何といいますか。
（ 瀬戸内 工業地域）

(4) 次の①〜③の説明にあてはまる県を，地図中の**ア〜オ**からそれぞれ選びなさい。
① みかんの栽培がさかんで，生産量は日本有数である。
② シラス台地が広がり，畜産がさかんに行われている。
③ なすやピーマンなどの野菜の促成栽培がさかんである。
①（ エ ）②（ ア ）③（ オ ）

2 右の地図を見て，次の問いに答えましょう。

(1) 地図中の**X**は日本最大の湖です。この湖を何といいますか。
（ 琵琶湖 ）

(2) 地図中の**Y**や**Z**の半島に見られる，複雑に入り組んだ海岸線を何といいますか。
（ リアス海岸 ）

(3) 地図中の大阪市などの大都市の周辺でさかんな，大消費地に向けた野菜や花を栽培する農業を何といいますか。
（ 近郊農業 ）

3 右の地図を見て，次の問いに答えましょう。

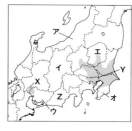

(1) 地図中の**X**に広がる平野を何といいますか。
（ 濃尾 平野）

(2) 地図中の**Y**の平野にある台地は，大量の火山灰が積もってできた赤土におおわれています。これを何といいますか。
（ 関東ローム ）

(3) 地図中の**Z**の県を中心に広がる工業地域を何といいますか。
（ 東海 工業地域）

(4) 次の①・②の文の説明にあてはまる県を，地図中の**ア〜オ**からそれぞれ選びなさい。
① 越後平野が広がり，水田単作による稲作がさかんである。
② 貿易額が日本一である成田国際空港がある。
①（ ア ）②（ オ ）

4 右の地図を見て，次の問いに答えましょう。

(1) 地図中の**X**の平野と**Y**の山脈をそれぞれ何といいますか。
X（ 石狩 平野）
Y（ 奥羽 山脈）

(2) 地図中の←は，夏に吹くことがある冷たい北東の風です。この風を何といいますか。
（ やませ ）

(3) 地図中の**Z**の台地でさかんに行われている，生乳からバターやチーズなどの乳製品をつくる畜産を何といいますか。
（ 酪農 ）

(4) 東北地方の地方中枢都市である宮城県の県庁所在地の位置を，地図中の**ア〜エ**から選びなさい。
（ ウ ）

(5) 地図中の**A**の県で毎年行われている，東北三大祭りの一つを，次の**ア〜エ**から選びなさい。
ア 七夕まつり　**イ** 花笠まつり
ウ 竿燈まつり　**エ** ねぶた祭
（ エ ）

伊藤　賀一（いとう　がいち）

1972年京都生まれ。新選組で知られる壬生に育つ。洛南高校・法政大学文学部史学科卒業後、東進ハイスクールを経て、現在、リクルート運営のオンライン予備校「スタディサプリ」で高校倫理・政治経済・現代社会・日本史、中学地理・歴史・公民の7科目を担当。43歳で一般受験し、2021年現在、早稲田大学教育学部生涯教育学専修に在学中。
著書・監修書に『世界一おもしろい 日本史の授業』『「カゲロウデイズ」で中学歴史が面白いほどわかる本』『笑う日本史』（以上、KADOKAWA）、『「90秒スタディ」ですぐわかる！日本史速習講義』（PHP研究所）などがある。

改訂版（かいていばん）　ゼッタイわかる　中学地理（ちゅうがくちり）

2021年4月9日　初版発行
2024年6月15日　7版発行

監修／伊藤 賀一（いとう がいち）

キャラクターデザイン／モゲラッタ

カバーイラスト／U35（ウミコ）

漫画／あさひまち

発行者／山下 直久

発行／株式会社KADOKAWA
〒102-8177　東京都千代田区富士見2-13-3
電話 0570-002-301（ナビダイヤル）

印刷所／株式会社加藤文明社印刷所

©KADOKAWA CORPORATION 2021　Printed in Japan
ISBN 978-4-04-605012-0　C6025

ゼッタイわかるシリーズ

マンガ×会話で成績アップ！

自宅学習や学校・塾の
プラス1にも

**改訂版
ゼッタイわかる
中1英語**
監修：竹内健,
キャラクターデザイン：
モゲラッタ,
カバーイラスト：ダンミル,
漫画：あさひまち,
出演：浦田わたる
ISBN：978-4-04-605008-3

**改訂版
ゼッタイわかる
中2英語**
監修：竹内健,
キャラクターデザイン：
モゲラッタ,
カバーイラスト：hatsuko,
漫画：あさひまち,
出演：からつけあっきい
ISBN：978-4-04-605013-7

**改訂版
ゼッタイわかる
中3英語**
監修：竹内健,
キャラクターデザイン：
モゲラッタ,
カバーイラスト：ハ三,
漫画：あさひまち,
出演：鹿乃
ISBN：978-4-04-605020-5

**改訂版
ゼッタイわかる
中1数学**
監修：山内恵介,
キャラクターデザイン：
モゲラッタ,
カバーイラスト：はくり,
漫画：葛切ゆずる
ISBN：978-4-04-605009-0

**改訂版
ゼッタイわかる
中2数学**
監修：山内恵介,
キャラクターデザイン：
モゲラッタ,
カバーイラスト：はくり,
漫画：ぴゃあ
ISBN：978-4-04-605014-4

**改訂版
ゼッタイわかる
中3数学**
監修：山内恵介,
キャラクターデザイン：
モゲラッタ,
カバーイラスト：はくり,
漫画：諒旬
ISBN：978-4-04-605015-1

**改訂版
ゼッタイわかる
中1理科**
監修：佐川大三,
キャラクターデザイン：
モゲラッタ,
カバーイラスト：Lyon,
漫画：杜乃ミズ
ISBN：978-4-04-605010-6

**改訂版
ゼッタイわかる
中2理科**
監修：佐川大三,
キャラクターデザイン：
モゲラッタ,
カバーイラスト：やまかわ,
漫画：青井みと
ISBN：978-4-04-605016-8

**改訂版
ゼッタイわかる
中3理科**
監修：佐川大三,
キャラクターデザイン：
モゲラッタ,
カバーイラスト：しぐれうい,
漫画：尽
ISBN：978-4-04-605017-5

**改訂版
ゼッタイわかる
中学地理**
監修：伊藤賀一,
キャラクターデザイン：
モゲラッタ,
カバーイラスト：U35,
漫画：あさひまち
ISBN：978-4-04-605012-0

**改訂版
ゼッタイわかる
中学歴史**
監修：伊藤賀一,
キャラクターデザイン：
モゲラッタ,
カバーイラスト：夏生,
漫画：あさひまち
ISBN：978-4-04-605011-3

**ゼッタイわかる
中学公民**
監修：伊藤賀一,
キャラクターデザイン：
モゲラッタ,
カバーイラスト：れい亜,
漫画：あさひまち
ISBN：978-4-04-605994-9

KADOKAWA

「わかる」爽快感を君に。

エキスパート講師のバツグンに
わかりやすい授業をこの1冊に凝縮！

中学『面白いほどわかる』シリーズ

**中1数学が
面白いほどわかる本**
著：横関俊材
ISBN：978-4-04-604771-7

**中2数学が
面白いほどわかる本**
著：横関俊材
ISBN：978-4-04-604772-4

**中3数学が
面白いほどわかる本**
著：横関俊材
ISBN：978-4-04-604773-1

**改訂版 高校入試
中学数学が
面白いほどわかる本**
著：横関俊材
ISBN：978-4-04-604956-8

**改訂版
中学地理が
面白いほどわかる本**
著：笹原卓哉
ISBN：978-4-04-604777-9

**改訂版
中学歴史が
面白いほどわかる本**
著：西村創
ISBN：978-4-04-604774-8

**改訂版
中学公民が
面白いほどわかる本**
著：西村創
ISBN：978-4-04-604776-2

**改訂版
中学理科が
面白いほどわかる本**
著：岩本将志
ISBN：978-4-04-604775-5

**改訂版
中1英語が
面白いほどわかる本**
著：麦谷郁子
ISBN：978-4-04-604768-7

**改訂版
中2英語が
面白いほどわかる本**
著：麦谷郁子
ISBN：978-4-04-604769-4

**改訂版
中3英語が
面白いほどわかる本**
著：麦谷郁子
ISBN：978-4-04-604770-0

KADOKAWA

公立高校志望者に最適！
この1冊で、ゆるぎない実力をつける

高校入試対策問題集「合格への最短完成」シリーズ

音声ダウンロード付 高校入試対策問題集
合格への最短完成 英語
監修：栄光ゼミナール
ISBN：978-4-04-604356-6

高校入試対策問題集
合格への最短完成 数学
監修：栄光ゼミナール
ISBN：978-4-04-604355-9

高校入試対策問題集
合格への最短完成 国語
監修：栄光ゼミナール
ISBN：978-4-04-604357-3

[監修]
栄光
ゼミナール

高校入試対策問題集
合格への最短完成 理科
監修：栄光ゼミナール
ISBN：978-4-04-604354-2

高校入試対策問題集
合格への最短完成 社会
監修：栄光ゼミナール
ISBN：978-4-04-604353-5

"こんな英単語帳がほしかった！"
カリスマ講師がやさしく解説。

著書累計
300万部
突破！

関正生が教える「世界一わかりやすい中学英単語」シリーズ

改訂版
高校入試
世界一
わかりやすい
中学英単語
著：関正生、桑原雅弘
ISBN：978-4-04-606207-9

改訂版
高校入試
世界一
わかりやすい
中学英単語
[難関高校対策編]
著：関正生、桑原雅弘
ISBN：978-4-04-606206-2

関正生・
桑原雅弘 著

KADOKAWA

ニガテ科目も、つまずきポイントも
マンガ×キャラの会話で
まるっと総ざらいできる！

KAGEROU PROJECT×学習参考書シリーズ

**「カゲロウデイズ」で
中学英単語が
面白いほど覚えられる本**
原作：じん（自然の敵P）, 監修：石井智子,
キャラクター原案：しづ, わんにゃんぷー
ISBN:978-4-04-600682-0

**「カゲロウデイズ」で
中学英単語が面白いほど
覚えられる本［高校入試対策編］**
原作：じん（自然の敵P）, 監修：大岩秀樹,
キャラクター原案：しづ, わんにゃんぷー
ISBN:978-4-04-601600-3

**「カゲロウデイズ」で
中学英文法が
面白いほどわかる本**
原作：じん（自然の敵P）, 監修：大岩秀樹,
キャラクター原案：しづ, わんにゃんぷー
ISBN:978-4-04-601042-1

**「カゲロウデイズ」で
中学生からの勉強法が
面白いほどわかる本**
原作：じん（自然の敵P）, 監修：清水章弘,
キャラクター原案：しづ, わんにゃんぷー,
漫画：あさひまち, 構成協力：沖元友佳
ISBN:978-4-04-601884-7

**「カゲロウデイズ」で
中学数学が
面白いほどわかる本**
原作：じん（自然の敵P）, 監修：山内恵介,
キャラクター原案：しづ, わんにゃんぷー,
漫画：はくり
ISBN:978-4-04-601588-4

**「カゲロウデイズ」で
中学数学が面白いほど
わかる本［高校入試対策編］**
原作：じん（自然の敵P）, 監修：山内恵介,
キャラクター原案：しづ, わんにゃんぷー,
漫画：あさひまち
ISBN:978-4-04-602033-8

**「カゲロウデイズ」で
高校英単語が
面白いほど覚えられる本**
原作：じん（自然の敵P）, 監修：大岩秀樹,
キャラクター原案：しづ, わんにゃんぷー
ISBN:978-4-04-601074-2

**CD付「カゲロウデイズ」で
高校英文法が
面白いほどわかる本**
原作：じん（自然の敵P）, 監修：大岩秀樹,
キャラクター原案：しづ, わんにゃんぷー,
漫画：あさひまち
ISBN:978-4-04-601976-9

**「カゲロウデイズ」で
中学歴史が
面白いほどわかる本**
原作：じん（自然の敵P）, 監修：伊藤賀一,
キャラクター原案：しづ, わんにゃんぷー,
漫画：あさひまち, 構成協力：沖元友佳
ISBN:978-4-04-601589-1

**「カゲロウデイズ」で
中学地理が
面白いほどわかる本**
原作：じん（自然の敵P）, 監修：伊藤賀一,
キャラクター原案：しづ, わんにゃんぷー,
漫画：あさひまち, 構成協力：沖元友佳
ISBN:978-4-04-601883-0

**「カゲロウデイズ」で
中学理科が
面白いほどわかる本**
原作：じん（自然の敵P）, 監修：佐川大三,
キャラクター原案：しづ, わんにゃんぷー,
漫画：はくり
ISBN:978-4-04-601882-3

**「カゲロウデイズ」で
日本文化史が
面白いほどわかる本**
原作：じん（自然の敵P）, 監修：塚原哲也,
キャラクター原案：しづ, わんにゃんぷー
ISBN:978-4-04-601026-1

■ KADOKAWA